GOLDMANN
Lesen erleben

Buch

»Wir wollen in diesem Buch dem Geheimnis der Seele nachgehen, wie sie uns begegnet in der Bibel, in der spirituellen Tradition, in der Dichtung, in der Tiefenpsychologie, der psychotherapeutischen Arbeit und in den konkreten Erfahrungen unseres Lebens. Möge unser Gespräch die Leserin und den Leser in einen inneren Dialog mit uns führen und ihnen die Augen öffnen für das Geheimnis ihrer Seele und ihres Lebens und für das Geheimnis Gottes, der auf dem Grund unserer Seele wohnt. Möge es sie ermutigen, ihrer Seele zu trauen, sich ihrer Führung zu überlassen, um so die Stärke und Dynamik, die von ihr ausgeht, für ihr Leben fruchtbar zu machen.«

Anselm Grün + Wunibald Müller

Autoren

Pater Dr. theol. Anselm Grün, geb. 1945, ist Benediktinermönch und Cellerar der Abtei Münsterschwarzach. Er ist bekannt durch eine große Anzahl erfolgreicher Publikationen und hält Vorträge im In- und Ausland. Als Seelsorger begleitet er Menschen auf ihrer Suche nach Spiritualität.

Dr. theol. Dipl.-Psych. Wunibald Müller, geb. 1950, ist Theologe und Psychologe sowie Leiter des Recollectio-Hauses der Abtei Münsterschwarzach. Seine Bücher aus dem Bereich Lebenshilfe, Spiritualität und Psychotherapie wurden in viele Sprachen übersetzt. Er ist verheiratet und hat zwei Kinder.

Von Anselm Grün außerdem im Programm:

Klarheit, Ordnung, Stille (16997)
Damit die Welt verwandelt wird (17203)
Von Wahrheit und Wahrhaftigkeit (17262)

Anselm Grün
Wunibald Müller

Was ist die Seele?

Mein Geheimnis – meine Stärke

GOLDMANN

Alle Ratschläge in diesem Buch wurden von den Autoren und vom Verlag sorgfältig erwogen und geprüft. Eine Garantie kann dennoch nicht übernommen werden. Eine Haftung der Autoren beziehungsweise des Verlags und seiner Beauftragten für Personen-, Sach- und Vermögensschäden ist daher ausgeschlossen.

Verlagsgruppe Random House FSC-DEU-0100
Das für dieses Buch verwendete FSC®-zertifizierte Papier *Classic 95*
liefert Stora Enso, Finnland.

2. Auflage
Vollständige Taschenbuchausgabe November 2011
Wilhelm Goldmann Verlag, München,
in der Verlagsgruppe Random House GmbH
© 2008 Kösel-Verlag, München,
in der Verlagsgruppe Random House GmbH
Umschlaggestaltung: Uno Werbeagentur, München
Umschlagillustration: FinePic®, München
Satz: Buch-Werkstatt GmbH, Bad Aibling
Druck und Bindung: GGP Media GmbH, Pößneck
KW · Herstellung: IH
Printed in Germany
ISBN 978-3-442-17291-7

www.goldmann-verlag.de

Für Hildegard Veira
(1948–2008)

Die Seele, die meine Substanz zusammenhält,
eine harte Perle in der Höhlung einer Muschel,
wird eines Tages sich vollkommen hingeben.

Thomas Merton

INHALT

Vorwort

Im Jahre 1668 dichtete Angelus Silesius: »Wer seine Seel zu finden meint, wird sie ohn mich verlieren. Wer sie um mich verlieren scheint, wird sie nach Hause führen.« 1975 meinten die Herausgeber des *Gotteslobes*, sie müssten sich für das Wort »Seele« entschuldigen. Es würde »Leben« bedeuten. Das Wort Seele passte nicht mehr in die Spiritualität der Siebzigerjahre. Doch mit der Vermeidung dieses uralten Wortes vergaß man die vielen Weisheiten, die die Sprache seit Jahrhunderten mit der Seele verbunden hat.

Heute spüren wir, dass uns die Seelenvergessenheit nicht guttut. Wenn wir heute von Seele sprechen, dann hat das nicht mehr nur mit der Vorstellung zu tun, die der griechische Philosoph Platon oder die thomistische Philosophie davon hatten. Wir meinen all das, was die Philosophie, die Literatur, die Theologie, die Tiefenpsychologie, die Spiritualität und die Mystik mit diesem Wort verbindet. Die Seele verweist uns auf die Innerlichkeit des Menschen, auf den inneren Raum, in dem der Mensch mit seinem wahren Selbst in Berührung kommt, in dem er etwas vom ursprünglichen Glanz seines Menschseins ahnt. Das Sprechen von der Seele beflügelt uns. Es schenkt uns etwas von Leichtigkeit.

Die Theologie der Siebzigerjahre war skeptisch gegenüber der Seele, weil sie die Seele zu sehr im Gegensatz
zum Leib gesehen hat. Sie hatte Angst, die Ganzheitlich-
keit des Menschen werde außer Acht gelassen. Und sie
befürchtete eine allzu jenseitige Orientierung des Menschen, der dann vielleicht nur darauf aus wäre, seine Seele für die Ewigkeit zu retten. Die Seele reicht durchaus
über diese Welt und diese Zeit hinaus. Aber gerade das
befähigt uns, hier mit beiden Füßen auf dem Boden zu
stehen, an der Gestaltung dieser Welt zu arbeiten und uns
zugleich mit den Flügeln der Seele über das unmittelbar
Vorhandene erheben und so einen anderen Blick auf die
Realität unseres Lebens werfen zu können.

Wir wollen in diesem Dialog dem Geheimnis der Seele
nachgehen, wie es uns begegnet in der Bibel, in der spirituellen Tradition, in der Dichtung, in der Tiefenpsychologie, der psychotherapeutischen Arbeit und in den
konkreten Erfahrungen unseres Lebens. Dabei werden
wir auch immer wieder auf die Dynamik und die Stärke
eingehen, die der Seele eigen ist.

Die Sprache hat immer gewusst, dass sie nicht ohne
das Wort Seele auskommt. Die Sprache ist voller Weisheit. Paul Celan meinte einmal, es gäbe keine Sprache
ohne Glauben und keinen Glauben ohne Sprache. Wir
können die Sprache nicht willkürlich ändern oder vom
Schreibtisch aus neu schaffen. Die Sprache ist angefüllt

mit Weisheit und Glauben. So wollen wir in die Schule der Sprache gehen und lernen, was sie uns über die Seele sagt, was sie uns über das Geheimnis unseres eigenen Lebens lehrt.

Es war spannend für uns beide, für den Therapeuten Wunibald Müller und für den Mönch Anselm Grün, über die Seele miteinander ins Gespräch zu kommen und uns gegenseitig im Austausch zu befruchten und auf immer neue Aspekte der Seele zu verweisen. Wir durften dabei die Erfahrung machen, dass im Austausch über die Seele die Seele zwischen uns zum Schwingen kam, die Seele nicht nur in uns lebt, sondern auch zwischen Menschen, die in einen lebendigen Austausch miteinander treten. Bis dahin, dass die Fühler der Seele des einen die Seele des anderen zu berühren vermögen.

Möge dieses Gespräch auch die Leserin und den Leser in ein inneres Gespräch mit uns hineinführen und ihre Augen öffnen für das Geheimnis ihrer Seele und ihres Lebens und für das Geheimnis Gottes, der – wie die Mystiker sagen – auf dem Grund unserer Seele wohnt und dort den ursprünglichen Glanz unseres wahren Selbst erstrahlen lässt. Möge es sie ermutigen, ihrer Seele zu trauen, sich ihrer Führung zu überlassen, um so die Stärke, die von ihr ausgeht, für ihr Leben fruchtbar zu machen.

Herrn Jochen Barth danken wir für wichtige Hinweise.

Vor allem aber danken wir Herrn Winfried Nonhoff vom Kösel-Verlag, der dieses Gespräch anregte, und das auf eine so beseelte Weise, dass unsere Seele Feuer fing und wir uns auf dieses Unternehmen einließen.

Anselm Grün
Wunibald Müller

Gesang der Geister über den Wassern

Des Menschen Seele
Gleicht dem Wasser:
Vom Himmel kommt es,
Zum Himmel steigt es,
Und wieder nieder
Zur Erde muss es,
Ewig wechselnd.

Strömt von der hohen,
Steilen Felswand
Der reine Strahl,
Dann sträubt er lieblich
In Wolkenwellen
Zum glatten Fels,
Und leicht empfangen,
Wallt er verschleiernd,
Leisrauschend,
Zur Tiefe nieder.

Ragen Klippen
Dem Sturze entgegen,
Schäumt er unmutig
Stufenweise
Zum Abgrund.

Im flachen Bette
Schleicht er das Wiesental hin,
Und in dem glatten See
Weiden ihr Antlitz
Alle Gestirne.

Wind ist der Welle
Lieblicher Buhler;
Wind mischt vom Grund aus
Schäumende Wogen.

Seele des Menschen,
Wie gleichst du dem Wasser!
Schicksal des Menschen,
Wie gleichst du dem Wind!

Johann Wolfgang von Goethe

TEIL I

Annäherungen: Was meint Seele?

WUNIBALD MÜLLER: Sigmund Freud hat einmal die Seele mit dem »Wunderblock« verglichen, der bei Kindern beliebten Zaubertafel, auf der man Geschriebenes sofort wieder löschen kann, auf der aber einiges fast unsichtbar zurückbleibt. Auch in unserer Seele, so meinte Freud, erhalte sich mancher einmal aufgenommene Eindruck, der durch unsere Vergesslichkeit ausgelöscht wurde und uns deswegen nicht mehr bewusst ist.

Die Seele wäre danach nicht mehr als ein Sammelplatz gemachter Erfahrungen und Eindrücke, die für uns zum Teil schwer zugänglich sind. Das scheint mir eine sehr reduzierte Vorstellung von Seele zu sein. Für den Tiefenpsychologen C. G. Jung ist die Seele eine heilende Instanz, die hintergründig in uns wirkt. Sie übernimmt die Führung in unserem Leben, wo unser bewusstes Ich versagt. Sie stellt einen Bezug zu unserer religiösen Welt her.

ANSELM GRÜN: C. G. Jung wirft manchen Schulen der Psychologie vor, dass sie eine »Psychologie ohne Seele« seien. Er sagt von der Seele: »Die Seele, als eine Spiegelung von Welt und Mensch, ist von solcher Mannigfaltigkeit, dass man sie von unendlich vielen Seiten betrachten und beurteilen kann.«

Jung tut das selbst, indem er die Namen, die die verschiedenen Sprachen dem Phänomen der Seele gegeben haben, betrachtet. Er meint, Seele komme vom gotischen »saiwala« und bedeute »beweglich, bunt, schillernd«. Die Seele ist »bewegende Kraft, wohl Lebenskraft«. Das griechische Wort für Seele »psyche« kann Schmetterling heißen. Es hängt aber auch zusammen mit »psycho«, das »hauchen, atmen« heißt. Das lateinische Wort für Seele, »anima«, kommt vom griechischen »anemos«, »Wind«. Die Seele wird also immer in engem Zusammenhang mit dem Atem gesehen. Sie ist für manche Völker ein unsichtbarer Hauchkörper.

WUNIBALD MÜLLER: Ich verbinde mit Seele auch Tiefe. In jedem von uns gibt es eine unendliche Tiefe, einem Meer vergleichbar, dessen Ausmaße wir nicht zu ermessen vermögen. Das deutsche Wort »Seele« deutet das auch an. Es ist etymologisch verwandt mit »See« und hat die Grundbedeutung »die zum See Gehörende«.

ANSELM GRÜN: Das kann ein Hinweis darauf sein, dass die Seele offensichtlich vor der Geburt des Menschen sich im See befand und dorthin nach seinem Tod zurückkehrt.

WUNIBALD MÜLLER: Und diesen See teile ich mit der übrigen Menschheit. In ihm hat sich über die Tausende, vielleicht Millionen von Jahren, seit es Menschen gibt, ein Fundus gesammelt, der zu uns gehört und der uns mit unserer Vergangenheit und unseren Vorgängern verbindet. »Wir sind Teil eines kollektiven Gedächtnisses, auf das wir alle zurückgreifen. Unbewusst sind wir mit allen anderen verbunden«, heißt es in *Die Seele ist ein Feld* von Rupert Sheldrake und Matthew Fox.

Die Vorstellung von einem unendlich tiefen See in mir, über den ich mit der übrigen Menschheit auf eine tiefe hintergründige Weise verbunden bin, versetzt mich in Staunen. Wenn ich die Augen schließe und mich von dieser Vorstellung davontragen lasse, spüre ich, wie ich »weiter« werde, im Bewusstsein dieser Dimension mein Fundament breiter wird, sich ausdehnt, bis hin ins Unermessliche. Mir sind durch meinen Körper zwar deutliche Grenzen vorgegeben, doch zugleich bin ich mit etwas in Berührung, das über das hinausgeht, was ich sehen, umfassen, spüren kann. Ich bin in Berührung mit meiner Seele als Tiefe in mir. Da spüre ich meine Seele.

Jung greift bei seinem Seelenverständnis immer wieder auch auf mythologische und religiöse Vorstellungen von der Seele zurück. So auch in seiner *Einleitung in die religionspsychologische Problematik der Alchemie*. Da sagt er:

19

»Wie das Auge der Sonne, so entspricht die
Seele Gott. Unser Bewusstsein umfasst die
Seele nicht, und es ist daher lächerlich, wenn
wir in gönnerhaftem oder verkleinerndem
Ton über die Dinge der Seele sprechen. Selbst
der gläubige Christ kennt Gottes verborgene
Wege nicht und muss es ihm anheimstellen,
ob er von außen oder von innen durch die
Seele auf den Menschen wirken will.«

ANSELM GRÜN: Wenn wir in die Religionsge-
schichte schauen, so gründen die Vorstellungen von einer Seele einmal auf der Sehnsucht nach Ekstase, über
sich selbst hinauszuwachsen, auf der Sehnsucht nach Unsterblichkeit und auf der Erfahrung, dass es noch andere
Arten des Erkennens und Sehens gibt als die mit Verstand
und Vernunft.

In der Mythologie wird die Seele oft als Frau dargestellt. Nicht umsonst heißt die Seele im Lateinischen
»anima« gegenüber dem »animus«, das »Mut, Kraft«
heißt. Offensichtlich wurde die Seele als etwas Zartes
und Kostbares gesehen, das aber genauso geschützt werden muss wie die Frau, die in den Mythen zahlreichen
Gefahren ausgesetzt ist und von Räubern und Tyrannen
bedroht wird. Die Frau hilft dem Mann, der oft genug
nur im Außen umherirrt und sich auf äußere Kämp-

fe einlässt, dass er wieder in Berührung mit seiner Seele komme. Seele heißt in Verbindung mit dem Bild der Frau: das feine und zarte Denken, das Denken des Herzens und nicht nur vernünftiges, aber kaltes Argumentieren. Seele meint Fantasie, Kreativität, Offenheit für das Göttliche, leise Impulse, Spontaneität, Intuition.

WUNIBALD MÜLLER: Einen breiten Raum nimmt die Seele im Ersten und Zweiten Testament, also dem Alten und Neuen Testament, ein. Ich mag das Alte Testament auch deswegen so sehr, weil dort die Seele und das Herz nicht nur so oft zur Sprache kommen, sondern in den Texten, im Lesen oder im Beten der Psalmen spüre ich die Seele, fühlt sie sich angesprochen. Ich denke da zum Beispiel an den Anfang von Psalm 63:

> »Gott, du mein Gott, den ich suche,
> Es dürstet meine Seele nach dir,
> Mein ganzer Mensch verlangt nach dir.«

Oder, wenn die Geliebte im Hohelied der Liebe sagt: »Mein Freund steckte seine Hand durchs Riegelloch, und mein Innerstes wallte ihm entgegen.« Da rührt sich mein Innerstes, meine Seele. Da wird meine Sehnsucht nach Gott oder dem Menschen, den ich über alles liebe, angesprochen.

ANSELM GRÜN: Die Seele ist für das Alte Testament der Lebenshauch, die Lebenskraft. Sie erst macht den Menschen ganz zum Menschen. Das hebräische Wort, das die Griechen dann mit »psyche« übersetzen, heißt »nephesch«. Es bedeutet ursprünglich »Schlund, Rachen, Kehle«. Daher verbindet das Alte Testament dieses Wort mit Verlangen, Begehren und Gemüt als dem Ort der Emotionen oder aber mit Atem, Leben, Lebenskraft. Die Seele bezeichnet im Alten Testament weiter die Offenheit des Menschen für Gott. Der Mensch ist »lebendige Seele«, heißt es in Genesis 2,7. Er hat von seinem Wesen her einen Bezug zu Gott. Dieser Bezug zu Gott kann sogar den Tod überdauern.

Im Neuen Testament steht die Seele (*psyche*) oft für das Selbst des Menschen. Heute übersetzen die Exegeten das griechische Wort »psyche« oft mit »Leben«. Das hat eine bestimmte Berechtigung. Aber für das Leben hat die Bibel noch andere Ausdrücke: »zoe«,»bios«. Daher wäre es durchaus angemessen, das Wort »psyche« mal wieder mit Seele zu übersetzen.

Bei allem Sprechen von der Seele bleibt eine Unschärfe. Man kann den Begriff nicht klar definieren. Aber man muss es auch gar nicht. Gerade das Schillernde reizt, den Reichtum der menschlichen Seele zu erahnen. Heraklit, einer der frühesten griechischen Philosophen um 500 v. Chr., sagt von der Seele: »Der Seele Grenzen

kannst du durchwandernd nicht ausfindig machen, auch
wenn du jeden Weg abschrittest.«

WUNIBALD MÜLLER: Wir gehen, während wir die
verschiedenen Bedeutungen, die der Seele zugeschrieben
werden, beleuchten, davon aus, dass es eine Seele gibt,
von der man, wie es im *Lexikon für Theologie und Kirche*
über die Seele heißt, sagen kann, dass sie »die personale
und existenzielle Mitte, das innere Verarbeitungszent-
rum« ist, »das aus äußerem Erleben ureigene Erfahrungen werden lässt«. Sie schafft, so heißt es darin weiter,
in vielen einzelnen lebensgeschichtlichen Äußerungen
die verborgene, integrierende, einmalige Identität, »die
der Mensch selber werden will und zugleich als Lebens-
aufgabe Gottes erfährt«.

Eine Vorstellung von der Seele, die viele Menschen,
darunter Psychologen, vor allem aber auch Naturwissenschaftler oder Mediziner nicht teilen. So antwortet der
Starchirurg Bruno Reichardt 2007 in einem Interview
mit der ZEIT auf die Frage »Wo ist für Sie der Sitz der
Seele?«: »Für mich im Gehirn, ganz klar. Im Herz sitzt
sie jedenfalls nicht, egal, wie viele schöne Geschichten,
Gedichte und Lieder dies vermuten.«

Diese Vorbehalte gegenüber der Seele sind nicht neu.
Bereits im 18. Jahrhundert belächelt der Philosoph Off-
roy de La Mettrie die Bemühungen von Philosophen und

Theologen, das Wesen der Seele erklären zu wollen. Es gäbe gar nichts, was man als Seele bezeichnen könne, meint er. Ein Philosoph unserer Zeit, Thomas Metzinger, hält die über Jahrhunderte alten Begriffe wie »Seele« oder die Rede vom »göttlichen Funken« heute für inhaltsleer. »Ich sage sogar: Es gibt nicht nur keine Seele, es gibt überhaupt kein substanzielles Element.«

Ich finde es wichtig, das Interesse der Naturwissenschaftler an der Seele ernst zu nehmen, sich ihren Aussagen zu stellen, zugleich aber sich nicht zu sehr davon beeindrucken zu lassen. Ganz abgesehen davon, dass hier zuweilen auf ganz unterschiedlichen Ebenen diskutiert wird, die auch nicht unbedingt miteinander zusammenzubringen sind.

Wie siehst du das? Was, wenn all die Zeugnisse der Gotteserfahrung in der Seele, welche Millionen von Menschen durch die Jahrtausende als Dialog mit dem Heiligen erfahren haben, im Labor »chemisch« nachzustellen wären? Was lässt dich davon überzeugt sein, dass es die Seele gibt und ihr eine zentrale Bedeutung in unserem Leben zukommt?

ANSELM GRÜN: Für mich kann die Gehirnforschung nur das Wirken der Seele beschreiben, aber nichts über das Wesen oder über die Existenz der Seele aussagen. Wenn ich mir all die philosophischen und theologischen

Aussagen über die Seele anschaue, weiß ich letztlich auch nicht genau, was die Seele ist. Aber das, was wir mit Seele benennen, das ist für mich Wirklichkeit. Es gibt die Innerlichkeit des Menschen. Es gibt die innere Ahnung, dass wir mehr sind als dieser Leib. Und es gibt für mich den Reichtum der Seele. Wenn Augustinus sagt, dass er nichts anderes wissen möchte als Gott und die Seele, dann berührt mich eine solche Aussage. Ich spüre, dass da in meiner Seele etwas aufklingt. In der Seele geht es für mich um das Intimste, Innerlichste, Kostbarste, das ich habe. Es geht um meine Person in ihrer Beziehung zu Gott. Und das lasse ich mir bei all den rationalen Zweifeln, die ich kenne und ernst nehme, nicht ausreden.

WUNIBALD MÜLLER: Ich bin mir bewusst, dass alle Aussagen und Überlegungen über die Seele lediglich Versuche sind, etwas zu erklären oder zu beschreiben, was eigentlich nicht greifbar, schwer beschreibbar und letztlich undefinierbar bleibt, sosehr man sich auch darum bemühen mag. Ich kann meine Seele nicht anfassen. Ich weiß nicht, wo sie in mir »sitzt«. Ich weiß nur bzw. ich bin davon überzeugt, spüre, dass es in mir einen tiefen Grund gibt, den ich mit Seele verbinde.

Meister Eckhard predigt über die Seele: »Ein Meister, der das Beste über die Seele sprach, sagt, dass alle menschliche Wissenschaft nicht ergründen kann, was die

Seele im Grunde ist. Zu wissen, was die Seele ist, bedarf eines übernatürlichen Wissens.« Mit anderen Worten heißt das – so kommentiert Matthew Fox diese Aussage –, dass die Seele unsagbar ist. »Sie ist so tief, dass man sie nicht ausloten kann – sie ist bodenlos.«

Die Seele – Antreiberin zum Leben

ANSELM GRÜN: Heute hat »Seele« für uns einen neuen Klang gewonnen. Einmal hat sich die Psychologie eingehend mit der Psyche, mit der menschlichen Seele, beschäftigt und viele seelische Störungen aufgedeckt. Zum andern meinen wir heute mit Seele die Einmaligkeit des Menschen, seine Innerlichkeit, eine andere Dimension als die Dimension des Machbaren. Wenn wir von der Seele sprechen, dann beziehen wir uns auf die innere Würde des Menschen, auf sein Herz, auf den inneren Bereich, in dem Fantasie und Kreativität walten, in dem er noch zu träumen versteht. Seele, das meint die zarten inneren Regungen, die wir haben. Die Seele enthebt uns der Alltagswelt. Wir können uns in unsere Seele zurückziehen, wenn wir leiden an der Seelenlosigkeit der Gesellschaft.

WUNIBALD MÜLLER: Seele steht weiter für Personkern, Eros, Herz, Mitte. Wenn jemand sagt, er habe seine Seele verloren, kann das heißen, dass er seinen göttlichen Funken, seine Flamme verloren hat. Seele meint aber auch für unser heutiges Verständnis etwas, das wir oft nicht ganz erklären können, etwas Geheimnisvolles. Auf alle diese Bedeutungen und Verstehensweisen von Seele sollten wir später noch näher eingehen.

Zunächst aber will ich unsere Aufmerksamkeit auf die Seele als Antreiberin zu Lebendigkeit und Kreativität, zu Sinnfindung in unserem Leben und zur Vertiefung unseres Lebens lenken. In unserer Seele wirkt ein Urprinzip, das darauf aus ist, dass der Mensch zu einem lebendigen Wesen wird. Ohne Seele wäre unser Leben leblos, farblos, kalt, sinnlos, eben seelenlos.

Harry Moody beschreibt die Seele als

> »eine transzendente spirituelle Eigenschaft im Herzen eines jeden Menschen, ein Potenzial, das man seit undenklichen Zeiten kennt und sucht. Wird dieses Potenzial geweckt, so gewinnt der Suchende eine offenere Sicht auf die alltäglichen Sorgen und Irrungen des Lebens, mehr Lebendigkeit, Freude und Sicherheit. Sinn und Zweck des Lebens liegen nicht länger im Verborgenen, sondern treten offen zutage. Dieses Potenzial – die Seele – können wir nur in uns selbst finden und erwecken«.

Seele wird hier verstanden als ein Potenzial, das, wenn wir es nutzen, zu einer großen Bereicherung unseres Lebens beitragen kann. Es hängt dabei auch von mir ab, ob ich bereit bin, mein Leben und die Erfahrungen meines

Lebens von meiner Seele berühren zu lassen, sie damit zu beseelen. So kann ich die Seele in der Musik oder in schönen, manchmal auch schmerzvollen Erfahrungen entdecken, die mich berühren. Im Verlieben kann sich meine Seele melden, in der Liebe zu einem Menschen kann ich ihre Anwesenheit und ihr Wirken spüren.

Will ich bewusst leben, will ich intensiv leben, kann ich das nur, wenn ich aus meiner Tiefe heraus lebe. Dann ist meine Seele beteiligt. Essen, Sex, Spiritualität, Erfolg und Entspannung gehören zu unserem Leben. Für sich alleine genommen, ohne Bezug zu unserer Seele, können sie unsere tiefsten Wünsche und Sehnsüchte nicht stillen.

ANSELM GRÜN: Menschen, die nur an der Oberfläche leben, die ohne Tiefe sind, die nur funktionieren, sind seelenlos. Mit ihnen kann man sich nicht unterhalten. Da strömt einem Kälte entgegen. Dagegen sprechen wir von einem Menschen, den wir als beseelt erleben, dass er »eine Seele von Mensch« ist, dass er eine »treue und gute Seele« ist. Oder ein Mensch ist »seelenvergnügt«. Er lacht nicht nur äußerlich, sein ganzes Inneres ist von Freude und Leichtigkeit erfüllt. Und zwei Menschen, die sich verlieben oder die sich im Gespräch näherkommen, sprechen von der »Seelenverwandtschaft«, die sie spüren. Sie haben den Eindruck, dass ihre Seelen sich nahekommen, dass sie die gleiche Wellenlänge haben, dass sie in ihrem Innersten gleichsam wie Bruder und Schwester sind, dass sie ähnlich denken und fühlen und die gleiche Sehnsucht sie erfüllt.

All diese Redewendungen zeigen, dass wir mit Seele das Innere des Menschen und seine Ausstrahlung meinen. Seele fasst das Geheimnis eines Menschen zusammen. Die Seele beschreibt, was ein Mensch denkt und fühlt und was in seinem Innern vor sich geht. Der deutsche Dichter Berthold Heinrich Brockes (frühes 18. Jahrhundert) spricht von der Seele als »meines Wesens Kern«.

WUNIBALD MÜLLER: C. G. Jung bezeichnet die Seele einmal als »das lebendige Ding, das wir deutlich oder undeutlich als Grund für unser Bewusstsein verspüren oder als die Atmosphäre unseres Bewusstseins«. Das ist eine zutreffende Beschreibung für das, wie ich meine Seele erlebe und spüre: als gefühlte Seele. Es gibt in mir eine wirksame Kraft, ein Lebendiges, das ich nie ganz zu fassen bekomme. Mein bewusstes Ich ist im Vergleich dazu ein schwerfälliger Geselle. Es bedarf zuweilen seitens der Seele großer Kunstfertigkeit, um diesen schwerfälligen Gesellen zu überzeugen. Bis dahin, dass meiner Seele manchmal nichts anderes übrigbleibt, als mein bewusstes Ich zu überlisten. Sehr ausdrucksvoll beschreibt C. G. Jung dieses Wirken der Seele:

»Beseeltes Leben ist lebendiges Wesen. Seele
ist das Lebendige im Menschen, das aus sich
selbst Lebende und Leben Verursachende.
Darum blies Gott dem Adam einen lebendigen Odem ein, damit er lebe. Die Seele ver-
führt die nicht leben wollende Trägheit des
Stoffes mit List und spielerischer Täuschung
zum Leben. Sie überzeugt von unglaubwür-
digen Dingen, damit das Leben gelebt werde.
Sie ist voll von Fallstricken und Fußangeln,
damit der Mensch zu Fall komme, die Erde
erreiche, sich dort verwickle und daran hängen bleibe, damit das Leben gelebt werde, wie
schon Eva im Paradies es nicht lassen konn-
te, Adam von der Güte des verbotenen Apfels
zu überzeugen. Wäre die Bewegtheit und das
Schillern der Seele nicht, der Mensch würde
in seiner größten Leidenschaft, der Trägheit,
zum Stillstand kommen.«

Die Seele ist nicht etwas Statisches. Sie wohnt nicht nur
einfach in mir, führt nicht nur ein beschauliches ruhiges
Leben in mir. Sie ist vielmehr etwas Lebendiges, mitunter
sogar sehr Lebendiges, Dynamisches. Sie agiert im Hintergrund, ohne dass ich sie direkt beeinflussen kann. Ich
kann diese Kraft nicht eindeutig beschreiben. Geschwei-

ge denn, dass ich sie fassen kann. Aber ich spüre, dass sie wirkt, machtvoll wirkt, die Zügel in den Händen hält.

ANSELM GRÜN: Dass die Seele nicht etwas Statisches ist, sondern ein »lebendiges Ding«, entspricht auch der biblischen Sicht der Seele. Die Bibel bezeichnet die Seele als das Leben und die Lebendigkeit des Menschen. In Genesis wird beschrieben, dass Gott Adam den Lebensatem eingehaucht hat. Die Seele ist für das Alte Testament der »Lebenshauch«, die Lebenskraft. Die Seele erst macht den Menschen ganz zum Menschen.

WUNIBALD MÜLLER: Die Seele als Leben, das Leben als Seele. Die Seele als Antreiberin zum Leben. Dabei lässt sie nichts unversucht, um uns lebendig zu erhalten. Sie lässt sich vieles einfallen, um das zu erreichen, und scheut nicht vor Tricks und Fallstricken zurück, damit die Kräfte in uns geweckt werden, die vonnöten sind, um unser Leben sinnvoll und reich zu leben und zu gestalten.

In einem Fall meldet sich unsere Seele, wenn wir uns verlieben, wenn in uns etwas in der Begegnung mit einem anderen Menschen wachgeküsst wird, was uns aus uns herausführen möchte, weil es bisher nicht zum Zuge gekommen, brachgelegen ist. In einem anderen Fall stürzt uns die Seele in eine Krise, lässt uns etwas tun, was uns in äußere und innere Bedrängnis führen kann, damit wir dadurch wachgerüttelt werden, innehalten, uns besinnen, wohin wir laufen, wie sehr wir möglicherweise dabei sind, uns zu verrennen.

ANSELM GRÜN: Meine Erfahrung in der geistlichen Begleitung zeigt mir, dass wir dankbar sein sollten, wenn die Seele sich zu Wort meldet. Die Seele meldet sich aber nicht nur in frommen Gedanken zu Wort, sondern oft in einer Krankheit. Die Depression ist häufig ein Hilfeschrei der Seele gegen die Wurzellosigkeit unseres Lebens. Wenn ich die Wurzeln verloren habe, die meinem Lebensbaum Kraft und Saft schenken, dann verdorre ich innerlich. Oft merke ich gar nicht, dass ich von meinen Wurzeln abgeschnitten bin. Da meldet sich die Seele zu Wort in Form einer Depression.

Viele wollen die Depression dann möglichst schnell loswerden, indem sie sie mit Medikamenten oder mit verhaltenstherapeutischen Übungen vertreiben. Doch ich muss erst auf die Sprache meiner Seele hören. Die Seele will mir durch meine Depression etwas sagen. Sie will mir auch etwas sagen durch meine Angst, durch meine Eifersucht, durch meinen Ärger. Die Seele meldet sich immer wieder einmal zu Wort, wenn ich übertrieben empfindlich reagiere, wenn ich müde bin, schlecht gelaunt. Es ist dann gut, auf die Seele zu hören.

Manchmal führt mich meine Seele auch in Situationen, die für mich eher unangenehm sind: Ich habe beispielsweise einen Unfall. Oder ich mache im Beruf einen Fehler, den ich mir nicht verzeihen kann, der sogar dazu führt, dass ich meine Arbeitsstelle aufgeben muss. Oft meldet sich die Seele gerade in solchen peinlichen Ausrutschern zu Wort. Sie zeigt mir, dass ich hier nicht am richtigen Platz bin. Oder aber sie macht mich darauf aufmerksam, dass ich erst einmal an mir arbeiten muss, bevor ich wieder in den Beruf zurückkehren kann. Ich muss meine Einstellung zum Leben und zur Arbeit ändern. Dann erst kann ich mich wieder ganz der Arbeit hingeben.

Die Seele meldet sich immer wieder zu Wort. Aber wir sind oft taub. Wir hören nicht auf die Seele. Wir wollen die Symptome bekämpfen, anstatt auf das zu horchen, was uns die Seele sagen möchte. Statt mich zu ärgern, dass mir die Seele ein Bein stellt, sollte ich dankbar sein und innehalten. Das ist jetzt dran. Wenn die Seele mir das Bein nicht gestellt hätte, wäre ich weitergelaufen und hätte mich vielleicht zu Tode gerannt. So hat meine Seele eingegriffen und meinen Lauf gestoppt, damit ich mir über meinen Weg klar werde und neue Kraft tanken kann, um besonnen weitergehen zu können.

WUNIBALD MÜLLER: Auf diesem Hintergrund verstehe ich auch den Vorschlag von C. G. Jung. Er meinte, wenn wir depressiv gestimmt sind, sollen wir uns die Depression als eine Dame in Schwarz vorstellen. Statt sie wegzuschicken, empfiehlt er, sie zu Tische zu bitten und sich mit ihr zu unterhalten, um von ihr zu erfahren, was sie uns sagen möchte. Denn in der Depression meldet sich unsere Seele, und wir sind gut beraten, sie zu Wort kommen zu lassen, um etwas über unseren Seelenzustand zu erfahren. Dabei kann es sich um wichtige Einsichten und Erkenntnisse über uns und unser Leben handeln, über das, was uns augenblicklich bewegt, was möglicherweise an Verwandlung und Veränderung in unserem Leben ansteht.

So leiden viele Menschen, weil sie keinen Sinn in ihrem Leben entdecken oder in sich eine große Leere erleben. In der Seele steht uns ein Zeuge, eine Art Instanz zur Verfügung, die registriert und darauf aufmerksam macht, dass uns etwas Entscheidendes abgeht. Sie beobachtet, mehr als unsere Sinne oder unsere Augen vermögen, alles das, was uns wesentlich angeht. Sie bleibt nicht am Äußeren, an unserem Ego stehen. Ihr geht es um das, was uns im Tiefsten nährt, was für uns im Tiefsten notwendig ist.

Wir tun gut daran, auf die Seele zu hören, sie ernst zu nehmen, uns von ihr inspirieren und beseelen zu lassen. Überhören wir sie, glauben wir sie außen vor lassen zu können, lässt sie sich das nicht gefallen. Sie wird sich dann irgendetwas einfallen lassen, um auf sich aufmerksam zu machen, damit wir ihre Anliegen beherzigen. Den einen wird sie in die Depression führen, einem anderen ein Bein stellen, damit er irgendeinen Unsinn macht, der ihn zwingt, aufzuwachen, sich zu besinnen, vor allem aber, sich seiner Seele zu besinnen.

Seele und Gewissen

WUNIBALD MÜLLER: In der Seele verfügen wir über eine kostbare Kraft, die dafür Sorge trägt, dass wir nicht erstarren, nicht schon zu Lebzeiten tot sind, sondern kreativ und neugierig bleiben, Neues wagen, Grenzen überschreiten, aufstehen, wenn wir gefallen sind, und nicht aufgeben, selbst wenn alles aussichtslos erscheint. Für unser Leben heißt das: Soll es bis zum Schluss aufregend und lebenswert sein, soll es wirklich *unser* Leben sein, muss unsere Seele in unserem Leben zum Ausdruck kommen und die Führung übernehmen.

Wenn ich mich der Führung meiner Seele überlasse, kann und wird mich das in Konflikt bringen mit gesellschaftlich vorgegebenen Strukturen und Normen. Meine Seele kennt solche Grenzen nicht. Sie beugt sich nicht dem Diktat eines Kaisers oder dem Erlass eines Papstes. Wir aber sind Teil einer Gesellschaft, gehören vielleicht einer Kirche an und müssen Rücksicht auf dieses und jenes nehmen. Das macht es erforderlich, dass wir in einen Dialog, eine Auseinandersetzung mit unserer Seele eintreten, manchmal uns auch auf einen Kampf mit ihr einlassen müssen. Wir können nicht alles, wozu die Seele uns drängt, umsetzen.

Auch ich kenne Situationen, in denen ich einfach

meiner Seele traue und mich ihr überlasse. Ich sage dann meiner Seele: »Du musst jetzt die Führung übernehmen. Ich weiß nicht weiter.« Ich traue in diesem Moment ohne Wenn und Aber den Regungen meiner Seele, bis dahin, dass ich es ganz ihr überlasse, wohin sie mich führt. Dabei weiß ich und habe es bereits erfahren, dass sie mich auf Wege führen kann, die mir nie in den Sinn gekommen wären, die ungewohnt sind, die Gängiges sprengen. Und sie kann mich auf Wege führen, die mich in Konflikt bringen mit dem, was als Norm gilt.

Hier frage ich mich: Welche Kriterien helfen mir, herauszufinden, wo sich in dieser Regung, in jenem Impuls, in diesem Vorhaben tatsächlich meine Seele meldet? Wo sitze ich möglicherweise meinen eigenen mitunter sehr eigennützigen Vorstellungen und Vorhaben auf? Wie siehst *du* das? Welche Kriterien mag es geben, die mir helfen, herauszufinden, ob das, was ich als starken Impuls in mir spüre, wirklich von der Seele kommt?

ANSELM GRÜN: In all dem, was du beschrieben hast, kann sich die Seele zu Wort melden. Sie mahnt uns, dass wir nicht in der Routine aufgehen. Sie bringt uns in Berührung mit dem Urbild, das Gott sich von uns gemacht hat. Immer wenn wir dieses Urbild zurückgedrängt haben, um den Anforderungen des Alltags gerecht zu werden, mahnt uns die Seele, authentisch zu leben, Neues in uns zuzulassen.

Die frühen Mönche geben uns allerdings ein Kriterium, um zu unterscheiden, ob es wirklich unsere Seele ist, die sich da zu Wort meldet, oder ob es nur unsere Launen sind, die uns durcheinanderbringen. Ein wichtiges Kriterium ist die Realitätskontrolle. Führt mich die Seele wirklich zum Leben, in eine gute Beziehung zu den Menschen und in ein fruchtbares Wirken nach außen? Die Seele sprengt sicher auch Normen, die mir von außen aufgezwungen werden. Aber ich muss genau unterscheiden, ob die Seele mich in die Freiheit führt oder ob ich nur gegen Normen rebelliere, um auf *mich* aufmerksam zu machen.

C. G. Jung unterscheidet immer, ob wir uns von einem archetypischen Bild anregen und zu unserem wahren Selbst führen lassen oder ob wir uns mit einem archetypischen Bild identifizieren. Wenn wir uns mit archetypischen Bildern identifizieren, dann sind wir blind für unsere eigenen Bedürfnisse nach Macht, nach Nähe, nach Zärtlichkeit.

Die Seele kann mir beispielsweise zeigen, dass ich aus meiner reinen Verwaltungstätigkeit aussteigen und mich mehr den Menschen zuwenden soll. Aber ich muss genau hinspüren, ob dies tatsächlich meinem innersten Wesen entspringt oder ob ich nur irgendwelchen Illusionen aufsitze, wie zum Beispiel der Illusion, ich sei ein begabter Heiler oder Helfer, oder keiner könne so gut wie ich den Menschen den richtigen Weg zeigen.

Ich bin immer vorsichtig, wenn die Impulse der Seele dazu benutzt werden, Größenfantasien auszuleben. Daher ist es wichtig, auf die Regungen der Seele zu horchen und zugleich die Lebensrealität genau anzuschauen. Träume können da durchaus eine Hilfe sein, um zu unterscheiden, ob der Impuls zum Leben führt oder eher in die Flucht vor meiner Durchschnittlichkeit, die bei aller Einmaligkeit doch auch zu mir gehört.

WUNIBALD MÜLLER: Meine Seele sagt mir in der Regel nicht direkt: »Tu dieses oder jenes.« Sie »mischt mich auf«, bringt mich durcheinander. Sie will mich darauf aufmerksam machen, dass irgendetwas nicht stimmt, dass irgendwo ein Durchbruch, eine Weitung stattfinden muss.

So mag sich ein verheirateter Mann in eine andere Frau verlieben, weil er in der Begegnung mit dieser Frau spürt, dass etwas in ihm wachgeküsst wird, das in seinem augenblicklichen Leben brachliegt. Die Seele, die sich im Verlieben meldet, will damit nicht notwendigerweise sagen: »Du musst jetzt deine Frau verlassen und dich dem Menschen, in den du dich verliebt hast, zuwenden.« Vielmehr mag die Seele in mir ein Sehnen erwecken, das mich motivieren und ermutigen soll, etwas, das in mir nicht lebt, sich jedoch regt, zum Leben zu bringen.

Manchmal kann das heißen, sich auf neue Beziehungen einzulassen. Oft kann es aber auch einfach meinen, die bestehende Beziehung zu beleben. Was durch Routine und Alltag zum Stillstand gekommen, abgestorben ist, wieder in Bewegung zu bringen. Es kann auch ein Impuls sein, in sich selbst Neues, bisher Ungelebtes zuzulassen, sich Unternehmungen und Dingen zuzuwenden, die die Routine und den Alltag sprengen; sich Zeit zu nehmen für Erfahrungen, die etwas von dem Zauber vermitteln, der, wie es Hermann Hesse sagt, jedem Anfang innewohnt; die romantische Seite mehr in mir zuzulassen, die möglicherweise durch zu viele und einseitig sachlich bezogene Aktivitäten zu kurz gekommen ist. Oder es meldet sich im Verlieben auch meine Sehnsucht nach der Erfahrung des *tremendum et fascinosum*, der Erfahrung des Numinosen und Heiligen.

So werde ich mich immer wieder auf Kompromisse einlassen müssen. Aber das darf nicht so weit führen, dass ich meine Seele verkaufe, dass in dem, was ich denke, was ich tue, von dem ich überzeugt bin, nichts mehr von meiner Seele zu erkennen ist. Dann bin ich lebendig bereits tot. Dann bin ich entseelt, seelenlos.

Hier sehe ich auch einen Bezug zum Gewissen. Kann ich der Seele allein trauen? Oder muss es nicht eine zusätzliche Instanz wie das Gewissen geben? Ist das Drängen der Seele das Innerste in mir? Spricht in meiner Seele oder durch meine Seele tatsächlich mein Gewissen? Ist das, was ich dort vernehme, wichtiger als das, was mir von außen vorgegeben wird, was mir als Norm gleichsam vorgehalten wird?

ANSELM GRÜN: Das Gewissen hat sicher mit der Seele zu tun. Die Griechen sprechen, wenn sie das Gewissen meinen, von »syneidesis«, die Lateiner von »conscientia«. Die Frage ist, wie wir diesen Begriff verstehen sollen. Es ist ein inneres Wissen, ein »Mitwissen«. Die Seele weiß über das sowieso schon vorhandene Wissen noch etwas anderes. In den romanischen Sprachen bedeutet »conscientia« auch »Bewusstsein«. Wir sind uns der Dinge bewusst, die wir tun. Seneca versteht das Gewissen als das Wissen um innere Vorgänge, letztlich um die Vorgänge der Seele.

Die Bibel sieht im Gewissen die Beziehung der Seele zu Gott. In der Beziehung zu Gott spürt die Seele, was für sie stimmt oder nicht. Die Kirchenväter verbinden das biblische Verständnis von Gewissen mit der Interpretation in der griechischen Philosophie. Für Clemens von Alexandrien bedeutet das Gewissen das Bewusstsein des Menschen, sein Inneres, seinen Personkern und zugleich die Stimme Gottes in der Seele des Menschen. Schließlich bezeichnet die katholische Theologie das Gewissen als oberste Norm.

WUNIBALD MÜLLER: »Das Gewissen ist die verborgenste Mitte und das Heiligtum im Menschen, wo er allein ist mit Gott, dessen Stimme in diesem seinem Innersten zu hören ist«, lautet die Kernaussage des Zweiten Vatikanischen Konzils über das Gewissen. Und im *Lexikon für Theologie und Kirche* heißt es über die Seele: »Die Seele ist die personale und existentielle Mitte.« Seele und Gewissen stehen demnach in einer engen Beziehung zu unserem Personkern. Sie sind Teil dieses Personkerns, wirken in ihm und durch ihn. Danach ist auch das Gewissen keine statische Angelegenheit. Es wird beseelt und muss beseelt werden durch die Seele, oder vielleicht könnte man hier sogar sagen durch den Heiligen Geist. Wie unbedingt eine solche Dynamik vom Gewissen verlangt wird, macht C. G. Jung klar, wenn er sagt:

> »Ohne es zu wollen, sind wir Menschen in Situationen gestellt, in denen Gott es mir überlässt, wie ich mich daraus herausziehe. Manchmal zeigt sich ein klarer Weg mit Seiner Hilfe, aber wenn es wirklich drauf-

und drankommt, hat man das Gefühl, man
sei von allen guten Geistern verlassen … in
einem solchen Moment sind wir, wie vor
dem Tode, konfrontiert mit der Nackt-
heit dieser Tatsache … Da kann der Mensch
gar nicht anders, als sich zu stellen. Es ist die
Situation, wo er herausgefordert ist, *als Ganzer* zu reagieren. Nun kann es auch sein, dass
er sich nicht mehr an die Paragrafen eines
vorgegebenen Moralgesetzes halten kann.
Damit fängt vielleicht seine allerpersönlichste Ethik an: in der ernsten Konfrontation mit
dem Absoluten, im Einschlagen eines Weges,
den die landläufigen Moralparagrafen und die
Hüter des Gesetzes verurteilen. Und doch
spürt der Mensch, dass er vielleicht nie seinem
innersten Wesen und Ruf und somit dem
Absoluten treuer gewesen ist, weil nur er und
der Allwissende die konkrete Situation gleichsam von innen her sehen, die Beurteiler und
Verurteiler aber nur von außen.«

Das kann zu einer großen Herausforderung werden für
jeden, der Normen für absolut erachtet.

ANSELM GRÜN: Wir sollen die von außen gegebenen Normen berücksichtigen. Aber entscheidend ist immer, was unser Gewissen uns sagt, was wir tief in unserer Seele als richtig spüren. Je tiefer wir in unsere Seele vordringen, desto klarer wird uns auf dem Grund unserer Seele, dort, wo reines Schweigen ist, was für uns stimmt. Und dieser inneren Stimme sollen wir folgen. Diese innere Stimme macht uns oft einsam, weil wir nach außen oft nicht begründen können, warum wir diesen Weg gehen. Aber sie macht uns auch frei. Das Gewissen ist keine von außen herangetragene Norm, sondern der Ort, an dem Gott zu unserer Seele spricht.

WUNIBALD MÜLLER: Die heilige Teresa von Avila vergleicht in ihrem Buch über die Seelenburg die Seele mit einem Schloss, dessen Räume unsere bewussten und unbewussten Anlagen wie Mieter bewohnen. In dem Zimmer mit der Tür nach außen regelt das Ich die Beziehung zur Außenwelt. Im Thronsaal, der Mitte des Seelenhauses, sitzt der geheime Ratgeber auf einem Thron. Er steht für den Personkern. Sein Bestreben zielt darauf, alle Mieter im Seelenhaus auf sich hin auszurichten, in seinen Dienst zu stellen. Das könnte auch ein Bild dafür sein, wie sehr im Personkern Gewissen und Seele sich treffen und finden und von dort her gemeinsam wirken.

Der beseelte Mensch

ANSELM GRÜN: Es gibt viele Wortverbindungen mit Seele. Da sprechen wir von einem Menschen, den *Seelen*adel oder *Seelen*größe auszeichnet. Wir meinen damit, dass so ein Mensch eine edle Gesinnung, dass er eine innere Größe hat, sowohl was sein Denken und Handeln betrifft als auch seine Bereitschaft, sich selbst zu vergessen und sich auf andere einzulassen.

Die Sprache kennt das Wort *Seelen*ruhe. Damit ist ein Mensch gemeint, der eine innere Ruhe ausstrahlt. Die Ruhe ist nicht aufgesetzt. Sie kommt nicht von einer äußeren Disziplin, sondern aus der Seele, aus dem Herzen. Ein Mensch ist Ruhe. Von andern Menschen hat man eher den Eindruck, dass sie laut und oberflächlich sind.

WUNIBALD MÜLLER: Für mich hat das sehr viel mit Präsenz und Wachheit zu tun. Ich kenne Menschen, die in der Art und Weise, wie sie präsent sind, zum Ausdruck ihrer Seele werden. Da ist jemand wirklich da. Hier. Lebt im Augenblick – bei einer kurzen Begegnung, als Zelebrant eines Gottesdienstes, als Arzt am Bett eines Kranken. Man spürt seine Seele. Sie scheint durch ihn hindurch. Diese Menschen sind in Berührung mit ihrer Seele.

Um mit der Seele in Berührung zu kommen, müssen die »Zwischenwände«, die zwischen dem Außen und dem Innen stehen, durchsichtig sein oder transparent werden.

C. G. Jung beschreibt diesen Vorgang vor dem Hintergrund seiner eigenen Erfahrungen:

> »Der Unterschied zwischen den meisten anderen Menschen und mir liegt darin, dass bei mir die ›Zwischenwände‹ durchsichtig sind. Das ist meine Eigentümlichkeit. Bei anderen sind sie oft so dicht, dass sie nichts dahinter sehen und darum meinen, es sei auch gar nichts da. Ich nehme die Vorgänge des Hintergrundes einigermaßen wahr, und darum habe ich die innere Sicherheit. Wer nichts sieht, hat auch keine Sicherheit und kann keine Schlüsse ziehen oder traut den eigenen Schlüssen nicht. Ich weiß nicht, was es ausgelöst hat, dass ich den Strom des Lebens wahrnehmen kann.«

Den Strom des Lebens kann ich nur mithilfe meiner Seele wahrnehmen. Wenn ich mit meiner Seele in Berührung bin, vermag ich die Welt des Hintergrundes, des Unbewussten, zu erahnen. Die Seele ist das »Instrument«, mit dessen Hilfe ich ein Gefühl, ein Gespür, ein Erahnen der Vorgänge des Hintergrundes erlangen kann.

C. G. Jung unterscheidet hier zwischen Person Nr. 1 und Person Nr. 2. Person Nr. 1 steht für den äußeren Menschen, der einem Beruf nachgeht, vielleicht eine Familie hat und seinen Stand in der Gesellschaft zu finden versucht. Person Nr. 2 ist die innere Person, die nach innen schaut, von innen heraus, inwendig lebt. Es ist die Person, die mit dem Unbewussten, mit ihrer Tiefe, mit der Seele in Berührung ist.

Die Welt der Person Nr. 2 beschreibt C. G. Jung als einen Bereich, in dem der Eintretende gewandelt wird. Von der Anschauung des Ganzen überwältigt und sich selbst vergessend, kann er nur noch sich wundern und bewundern. Hier lebt »der Andere«, der Gott als ein heimliches, persönliches und zugleich überpersönliches Geheimnis kennt. Hier trennt nichts den Menschen von Gott. Ja, es ist, wie wenn der menschliche Geist zugleich mit Gott auf die Schöpfung blickt.

ANSELM GRÜN: Was Jung mit der Person Nr. 1 und Nr. 2 meint, hat Paulus im 2. Korintherbrief mit dem Bild des äußeren und inneren Menschen beschrieben: »Wenn auch unser äußerer Mensch aufgerieben wird, der innere wird Tag für Tag erneuert« (2 Kor 4,16).

Der äußere Mensch wird aufgerieben durch die Konflikte des Alltags, durch Krankheit, durch Leid und Not. Doch der innere Mensch, der Bereich der Seele, erneuert sich. Gerade wenn Äußeres zerbrochen wird, werden wir aufgebrochen für das Innere, für unsere Seele. Durch das Leid wird der Panzer zerbrochen, den wir um uns herum aufgebaut haben. Und so kommen wir in Berührung mit unserer Seele. Paulus hat diese Einsicht geholfen, trotz aller äußeren Gefährdungen und Anfeindungen nicht zu verzagen. Das Aufgeriebenwerden war für ihn der Weg, nach innen zu gelangen, mit seiner Seele in Berührung zu kommen, in der er Christus, dem Gekreuzigten, begegnete.

WUNIBALD MÜLLER: Sind wir in Berührung mit unserer Seele, vernehmen wir unsere Sehnsucht, mit dem Grenzenlosen, dem Unendlichen, dem Ewigen in Kontakt zu kommen. Mit dieser inneren Person kommen wir durch Grenzerfahrungen in unserem Leben in Kontakt, durch Erfahrungen der dunklen Nacht der Seele, wenn alles, was uns bisher getragen hat, zugrunde geht. Mit der inneren Person kommen wir aber auch durch unsere Träume, durch Innehalten und Meditieren in Berührung. Die innere Person erwacht in der Begegnung mit der Natur, beim Betrachten des Sternenhimmels, bei einem Spaziergang durch den Wald, beim Betrachten eines

Wasserfalls, beim Lauschen auf das Rauschen des Meeres, im Staunen über die Erhabenheit einer Berglandschaft.

ANSELM GRÜN: Jeder hat seinen Weg, um mit der inneren Person, seiner Seele, in Berührung zu kommen. Für mich persönlich ist es einmal die Natur. Wenn ich spazieren gehe durch unsere Bachallee, dann spüre ich nicht nur die Lebendigkeit der Natur, sondern zugleich meine Seele. Ich kann aufatmen. Meine Seele wird erfrischt. Sie spürt in der Schöpfung die Lebenskraft, die auch in ihr strömt.

Ein anderer Weg ist für mich das Schweigen. Dort geht mir auf, was der Psalmist sagt: »Nur zu Gott hin wird stille meine Seele.« Die Musik ist für mich auch ein Ort, an dem meine Seele auflebt. Wenn ich mir Zeit nehme und eine Bachkantate anhöre, die Musik in meine Seele fallen lasse, dann fängt sie an zu vibrieren. Sie wird lebendig. Und beim Lesen komme ich in Berührung mit meiner Seele. Da sprechen mich Worte an und dringen in meine Seele. Die Worte bringen mich in Berührung mit eigenen Erfahrungen oder aber mit Stimmungen meiner Seele. So spüre ich beim Lesen meine Seele und bin dankbar für sie.

WUNIBALD MÜLLER: Andere wieder sparen sich einen Tag in einem Monat aus für Schweigen und

Reflexion. Sie halten sich jeder Aktivität fern, tun nichts. Es gibt keine Telefone oder Faxe, kein Schreiben oder Arbeiten an irgendwelchen Projekten. Diese Praxis hilft ihnen, sich dem Geheimnis ihrer Seele zu öffnen. Sie möchten ihre Seele nicht trennen vom alltäglichen Leben oder für den Sonntag reservieren, sondern jeden Moment des Tages auf ihre Seele, die sie als ihren inneren Führer verstehen, hören.

Um mit meiner Seele in Berührung kommen zu können, ist die Voraussetzung, mit der inneren Person von mir in Berührung zu kommen. Hier muss ich für mich entscheiden, ob meine Aufmerksamkeit ausschließlich meinem äußeren Leben gilt, zum Beispiel wie ich aussehe, ob ich diese oder jene Ziele erreiche, was andere von mir denken oder wie viel ich verdiene. Oder aber, ob ich meine Aufmerksamkeit auch meiner inneren Welt, der Welt, die mich mit meiner Seele verbindet, schenke. Ich mag mich noch so sehr mit den äußeren Dingen beschäftigen, wenn das zur Vernachlässigung des inneren Lebens führt, werde ich eine innere Leere spüren.

So gilt es immer wieder, mit dem tieferen Bereich, dem Bereich meiner Seele in Berührung zu kommen. Jenem Bereich, der hinter meinen Gedanken und auch hinter und unter meinen Gefühlen liegt. Der Bereich, von dem Ruhe und Selbstvertrauen ausgehen. Von diesem Bereich, den er der Seele zuordnet, schreibt Marc Aurel:

»Die Dinge selber berühren in keiner Weise die Seele, noch haben sie einen Zugang zur Seele, noch können sie sie verändern oder bewegen. Nur die Werturteile, die die Seele fällt, stempeln das Wesen der Dinge, die von außen an sie herantreten.«

ANSELM GRÜN: In der stoischen Auffassung, die Marc Aurel vorträgt, ist etwas Faszinierendes. Wir sind in unserem innersten Kern frei vom Einfluss von außen. Es gibt in uns den Bereich der Seele, zu dem die Dinge nicht vordringen können. Dort kann uns niemand verletzen. Das meint Jesus wohl auch, wenn er den Jüngern, die er in die Welt sendet, zuspricht: »Fürchtet euch nicht vor denen, die den Leib töten, die Seele aber nicht töten können« (Mt 10,28). Die Seele als der innerste Bereich des Menschen kann von Menschen nicht verletzt werden. Sie ist die Lebendigkeit, die von Gott kommt und von Menschen nicht beeinträchtigt werden kann.

Die Seele meint hier den inneren Raum des Menschen, in dem er frei ist von der Welt. Dort berührt es uns nicht, ob wir Geld haben oder nicht, ob wir gesund sind oder nicht. Die Beziehung zur Welt geschieht im Urteil, das die Seele über die Dinge fällt. Wenn mir Geld wichtig ist, wenn ich es als Bedingung für mein Wohlgefühl verstehe, dann macht es mir etwas aus, wenn ich meinen

Geldbeutel verloren habe oder wenn es mir an Geld fehlt. Doch tief in meiner Seele gibt es einen Bereich, der davon unberührt ist. Das macht nach der stoischen Philosophie die Würde des Menschen aus. Die Seele ist der Ort, in dem das »autos«, das innere Heiligtum des Menschen, wohnt, über das die Welt keine Macht hat.

Wir sollen die Aussage der stoischen Philosophie auf uns wirken lassen. Dann bringt sie uns in Berührung mit dem inneren Raum der Seele, zu dem die Welt keinen Zutritt hat. Aber zugleich sollen wir wissen, dass ein Satz allein nicht die ganze Wahrheit ausdrückt. Auf der anderen Seite berührt uns die Welt, und sie soll uns auch berühren. Das ist die Botschaft Jesu, der sich nicht auf seine Seele zurückgezogen hat, sondern sich mit *Leib* und *Seele* eingelassen hat auf die Menschen und ihre Nöte und der seine Hingabe mit dem Leben bezahlt hat.

Die Seele als Weltall in uns

WUNIBALD MÜLLER: Den Raum in uns als Bereich unserer Seele beschreibt Novalis mit den Worten:

> »Wir träumen von Reisen durch das Weltall! Ist denn das Weltall nicht in uns? Die Tiefen unseres Geistes kennen wir nicht. Nach innen geht der geheimnisvolle Weg. In uns oder nirgends ist die Ewigkeit mit ihren Welten, die Vergangenheit und die Zukunft.«

Auf eine Weise, die an die Beschreibung von Novalis erinnert, schreibt C. G. Jung über die Seele:

> »Ich kann nur in tiefster Bewunderung und Ehrfurcht anschauend stille stehen vor dem Abgrund und Höhen seelischer Natur, deren unräumliche Welt eine unermessliche Fülle von Bildern birgt, welche Jahrmillionen lebendiger Entwicklung aufgehäuft und organisch verdichtet hat. Mein Bewusstsein ist wie ein Auge, das fernste Räume in sich fasst, das psychische Nicht-Ich aber ist das, was diesen Raum unräumlich erfüllt. (…) Neben diesen

Eindruck möchte ich nur noch den Anblick
des gestirnten mächtigen Himmels stellen;
denn das Äquivalent der Welt innen ist nur
die Welt außen, und wie ich diese Welt durch
das Medium des Körpers erreiche, so erreiche
ich jene Welt durch das Medium der Seele.«

Welch ein innerer Reichtum wird da von C. G. Jung an-
gedeutet. Ein Reichtum, von dem ich zehren darf. Ein
Reichtum, der mir verschlossen bliebe, würde ich mich
diesem Weltall in mir, zu dem mir meine Seele Zugang
verschafft, verschließen.

ANSELM GRÜN: Auch ich merke, je älter ich werde, desto mehr geht mir der Reichtum auf, der in meiner Seele liegt. Wenn ich nach innen gehe und auf meine
Seele höre, tauchen nicht nur lebensgeschichtliche Erinnerungen auf, sondern auch die vielen Bilder, die ich
in mich aufgenommen habe: Bilder wunderbarer Landschaften, Bilder von Künstlern, die mich berührt haben,
und innere Bilder, die sich in meiner Seele bilden.

Da geht mir auf, was Jesus meint, wenn er vom Schatz
im Acker oder von der kostbaren Perle spricht. Es gibt
eine Sehnsucht des Menschen, Reichtum aufzubauen.
Aber zugleich erfährt der Mensch, dass Besitz besessen
machen kann. Die Sehnsucht, die in der Suche nach dem

Reichtum steckt, ist letztlich die Sehnsucht, Ruhe zu finden, der Mühsal des Lebens entronnen zu sein. Doch äußerer Reichtum führt nicht zur Ruhe, im Gegenteil: Er macht uns unruhig. Wir haben Angst, ihn wieder zu verlieren. Der wahre Reichtum liegt in uns, in unserer Seele. Darauf will uns Jesus verweisen, wenn er sagt: »Verschafft euch einen Schatz, der nicht abnimmt, droben im Himmel, wo kein Dieb ihn findet und keine Motte ihn frisst. Denn wo euer Schatz ist, da ist auch euer Herz« (Lk 12,33 f.). Wenn wir den Reichtum in unserer Seele finden, dann ist auch unser Herz mit unserer Seele eins. Und dann grämen wir uns nicht mit der Sorge, dass unser Schatz abnehmen könnte.

Der Reichtum der Seele, das sind die Erinnerungen, die wir in uns aufbewahren. Das sind aber auch die inneren Bilder, die unserer Seele entströmen. Und es ist letztlich Gott selbst, der in uns wohnt. In uns ist der Himmel. Und wenn unser Schatz im Himmel ist, dann vermag ihn uns kein Mensch zu rauben. Dann finden wir wahrhaft Ruhe und Seligkeit. Das deutsche Wort »selig« kommt ja von »Seele«. Wer mit seiner Seele in Berührung ist, der ist selig, der ist glücklich.

WUNIBALD MÜLLER: Glück ist ein leises Singen der Seele, sagt Zenta Maurina. Dieses leise Glück können wir erfahren, wenn wir in die Tiefe in uns eintauchen, um beispielsweise dort den Tempel unserer Erinnerungen aufzusuchen. In unserer Seele finden wir den Ort vor, in dem unsere Erinnerungen weiterleben. Was sich an Veränderung und Übergängen in unserem Leben ereignet hat, wird dort aufbewahrt und gespeichert. Während unser Körper immer mehr verfällt, wird die Seele reicher, tiefer, stärker. Oscar Wilde sagt von der Seele: »Die Seele kommt alt zur Welt, aber sie wächst und wird jung. Das ist die Komödie des Lebens. Der Leib kommt jung zur Welt und wird alt. Das ist die Tragödie unseres Daseins.«

Mit zunehmendem Alter nehmen wir uns hoffentlich auch mehr Zeit, um in unsere Seele einzutauchen und den Tempel der Erinnerungen zu besuchen. Wir können dann, so der jüngst verstorbene Schriftsteller und Philosoph John O'Donohue, versuchen, die vielen Fragmente, aus denen unser Leben besteht, in einen Sinnzusammenhang zu bringen. Wir können etwas abschließen, vollenden, wozu uns bisher die Zeit fehlte. Daraus kann uns Zufriedenheit, Ermutigung, ein Gefühl von Glück und Seligkeit erwachsen.

Während unser äußeres Leben ein Gestern, ein Heute und ein Morgen kennt, ist die Seele der Ort, in dem die Ewigkeit wohnt und lebt. Gott hat die Ewigkeit in unser Herz hineingelegt, heißt es beim Prediger des Alten Testamentes Kohelet.

Unendlichkeit, Ewigkeit können auch für Seele stehen. Entscheidend ist, ob ich davon ausgehe, dass es diese Unendlichkeit oder, wie es ein Mädchen einmal ausdrückte, »ein Stück Gottes« in uns gibt, oder ob ich davon ausgehe, dass da eben nichts ist. In dem Gedicht »Selbstbefragung« schreibt der Dichter Robert Gernhardt dazu:

> »Ich horche in mich rein.
> In mir muss doch was sein.
> Ich höre nur noch ›Gack‹ und ›Gicks‹.
> In mir da ist wohl nix.«

Vielleicht sind es manchmal die »Gacks« und »Gicks«, die ich als Regungen der Seele vernehme. Vielleicht ist es manchmal wirklich nicht mehr. Doch ich bin davon überzeugt, dass es die Seele in uns gibt, von der Heraklit sagt:

> »Der Seele Ganzes dürftest du nicht finden,
> auch wenn du jeden Weg der Erde gingest,
> so tiefen Sinn birgt sie in sich.«

Die entscheidende Frage in unserem Leben, meint C. G. Jung, ist, ob ich auf das Unendliche, das Grenzenlose bezogen bin oder nicht. Wie kann ich mich aber auf das Grenzenlose beziehen ohne Seele? Es ist die Seele, mit deren

Hilfe ich mit dem Grenzenlosen, dem Unendlichen in Berührung kommen kann.

ANSELM GRÜN: Wenn ich über die Seele nachdenke, so mache ich mir weniger über ihr Wesen Gedanken als über ihre Aufgabe. Und die Aufgabe sehe ich darin, dass ich als Mensch auf Gott oder, wie Jung es nennt, auf das Grenzenlose bezogen bin. Ich kann nicht über meine Seele sprechen, ohne über meine Beziehung zu Gott nachzudenken. Meine Seele ist das Bezogensein auf Gott. In ihr bin ich offen für Gott, für den Gott, der mich geschaffen hat, aber auch für den Gott, der in mir ist.

WUNIBALD MÜLLER: Der Kontakt mit meinem inneren Raum, die Pflege dieses Raumes, das ganze Leben in diesem inneren Raum ist nicht weniger wichtig als die Pflege und die Gestaltung des äußeren Raumes und mein Leben in der Außenwelt. Mein Aufenthalt in meinem Innenraum verwandelt mich – verwandelt mich bis dahin, dass ich die Erfahrung machen kann, mitten im äußeren Leben an das Grenzenlose, die Ewigkeit, den Bereich jenseits der Zwischenwand angeschlossen zu sein.

Ist es nicht faszinierend, die Erfahrung zu machen, jetzt schon, mitten im Leben an das Grenzenlose, das Ewige angeschlossen, Teil des Ewigen zu sein? Ich darf jetzt schon etwas von der Qualität des Ewigen in meinem gegenwärtigen Leben erahnen und spüren. Das verdanke ich meiner Seele. Sie ermöglicht es mir, diese Erfahrung zu machen.

Daraus erwachsen ein unglaublich großer Halt, eine Geborgenheit, eine Stärke und Sicherheit, die durch nichts zu übertreffen sind. Es entsteht daraus eine völlig neue Sichtweise von Leben und Lebenssinn. C. G. Jung schreibt in seinen Erinnerungen über diese Erfahrung:

> »Wenn man versteht und fühlt, dass man schon in diesem Leben an das Grenzenlose angeschlossen ist, ändern sich Wünsche und Einstellung. Letzten Endes gilt man nur wegen des Wesentlichen, und wenn man das nicht hat, ist das Leben vertan. Auch in der Beziehung zum andern Menschen ist es entscheidend, ob sich das Grenzenlose in ihr ausdrückt oder nicht.«

In der Beziehung zu unserer Eigenwelt, unserer Mitwelt und Umwelt ist entscheidend, ob sich darin das Grenzenlose ausdrückt oder nicht. Als religiöser Mensch ist für mich von hier aus der Schritt nicht weit zur Erfahrung, mitten im Leben an Gott angeschlossen zu sein. Bin ich mit meiner Tiefe in Berührung, überlasse ich mich meiner Tiefe, gelange ich in den Einflussbereich meiner Seele, werde ich von ihr absorbiert. Sie führt mich in die Erfahrung, jetzt schon mit dem Grenzenlosen, mit Gott verbunden zu sein.

ANSELM GRÜN: Mir hat die Beschäftigung mit den Schriften C. G. Jungs geholfen, meiner Seele zu trauen. Meine Seele sagt mir, dass in mir etwas ist, das diese Welt übersteigt, das hineinragt in den göttlichen Bereich. Und der göttliche Bereich ist für mich letztlich das Grenzenlose, das alle menschlichen Grenzen übersteigt. Gott durchdringt die ganze Welt. Gott ist aber zugleich der Schöpfer, der diese Welt überragt, der in der Welt, aber zugleich jedoch auch jenseits der Welt ist, der sie transzendiert.

Auch meine Seele transzendiert diese Welt. Sie ragt hinein in Gott. Das Gebet ist für mich ein wichtiger Weg, mit meiner Seele in Berührung zu kommen und in ihr Christus zu erahnen, der sie prägt. Dann verstehe ich, was C. G. Jung meint, wenn er von Christus als dem Archetyp des Selbst spricht. Christus ist nicht nur der jüdische Rabbi, der vor zweitausend Jahren gelebt hat, nicht nur der Sohn Gottes, der Mensch, in dem Gott selbst sich auf einmalige und unüberbietbare Weise ausgedrückt hat. Er ist zugleich auch in mir. Er ist das innerste Muster, das mich prägt. In meiner Seele habe ich teil an ihm, an dem, was er verkörpert und darstellt.

In meiner Seele habe ich teil an seinem Geist, der auch mich im Innersten prägt.

WUNIBALD MÜLLER: C. G. Jung spricht hier von Welt-Seele. Die Seele lebt danach nicht nur in uns Menschen, sondern wir sind Teil der Weltseele. Wir machen die Erfahrung, Teil eines Größeren zu sein, uns mit dem Grenzenlosen verbunden zu fühlen. Vielen Menschen ist das Gefühl, mit einem Größeren auf eine tiefe Weise verbunden zu sein, abhandengekommen. Sie sind nicht länger in Berührung mit ihrer Seele.

Das Gefühl, mit etwas Größerem verbunden zu sein, vermittelt uns unsere Seele. Erst wenn wir mit ihr in Berührung sind, können wir über sie diese Verbundenheit mit der übrigen Menschheit und dem Größeren erahnen oder spüren. Von Delphinen wird gesagt, dass sie unter Wasser über Tausende von Kilometern miteinander Kontakt aufnehmen können. Sobald sie sich wieder an der Oberfläche des Wassers befinden, verschwindet diese Fähigkeit.

Das heißt: Wenn wir mit unserer Tiefenschicht in Berührung sind – zum Beispiel in unseren Träumen – , sind wir in der Lage, uns mit der übrigen Menschheit, der augenblicklichen und der gewesenen, und dem Größeren verbunden zu fühlen. So kann mir das Fest »Allerseelen« bewusst machen, dass ich mit der ganzen Menschheit, der vergangenen und der gegenwärtigen, verbunden bin, dass ich Teil des ewigen Stromes bin.

Sobald wir den Bereich der Tiefenschicht verlassen, erlischt diese Fähigkeit. Dann sind wir auch nicht länger mit unserer Seele in Berührung. Diese tiefe Erfahrung von Verbundenheit kann nicht ersetzt werden durch äußere Kontakte im augenblicklichen Leben, sei es durch Begegnungen, Briefe oder Telefonate. Es bleiben Kontakte und Beziehungen an der Oberfläche.

ANSELM GRÜN: Die Seele ist zwar an den Leib gebunden, aber sie übersteigt ihn auch. Sie hat teil an allem, was ist. Thomas von Aquin meint, die Seele sei quodam modo omnia, sie sei gleichsam alles. Diese Erfahrung können wir im Traum machen. Da haben wir teil an der Geschichte der Menschheit. Manchmal träumen wir aus längst vergangenen Zeiten. Unsere Seele hat die Geschichte der Menschheit in sich gespeichert. Und wir träumen von Menschen, die weit weg sind. Der Traum sagt uns, wie es um sie steht.

Eine Frau besuchte nach langer Zeit ihren Sohn, der ein neues Haus gekauft hatte. Als sie das Haus in der Realität sah, hatte sie den Eindruck, sie hätte es genauso im Traum gesehen. Die Seele lässt sich nicht an Zeit und Ort binden. Sie übersteigt Zeit und Ort. Ein Missionar berichtete, dass beim Tod seines Bruders, der mehr als fünftausend Kilometer von ihm entfernt starb, mitten in der Nacht – ohne Fremdeinwirkung – der Koffer von seinem Schrank fiel. Da wusste er, dass sein Bruder gestorben war.

Die Seele spürt die Verbindung zu geliebten Menschen über weite Entfernungen hinweg. Und letztlich spürt die Seele nicht nur die Verbindung zu den Menschen, sondern zur Menschheit insgesamt, zum Kosmos als Ganzen und letztlich zu Gott, der die ganze Welt durchdringt. Die Seele weiß sich im Innersten verbunden mit Gott, dem Urgrund allen Seins.

WUNIBALD MÜLLER: Die augenblicklich auch außerhalb des kirchlichen Bereiches feststellbare Suche nach Spiritualität ist ebenfalls auf diese anscheinend verloren gegangene erfahrbare Verbundenheit mit der übrigen Menschheit und einem Größeren zurückzuführen. Es ist eine Suche nach der verloren gegangenen Seele. Viele Schwierigkeiten, die wir erfahren, persönlich wie gesellschaftlich, sind auf diesen Verlust zurückzuführen. An ihre Stelle sind Leere, das Gefühl, nirgendwo richtig dazuzugehören, und Sinnlosigkeit getreten. Oder der Verlust zeigt sich als Symptom in fixen Ideen, Süchten, Gewalt und Fatalismus.

ANSELM GRÜN: In unserer seelenlosen Welt ist es wohl dringend nötig, dass wir wieder mit unserer Seele in Berührung kommen. Und es würde ein neues Miteinander entstehen, wenn wir der Seele in uns mehr Raum geben, wenn wir den seelischen Regungen in uns trauen. Für unseren spirituellen Weg ist es unerlässlich, dass wir unsere Seele neu entdecken. Denn, so sagt schon Gregor von Nyssa, in der menschlichen Seele möchte Gott geboren werden. Und Meister Eckhard spricht vom Seelengrund, in dem die Gottesgeburt in uns stattfindet und uns zu unserem unberührten und unverfälschten Selbst, dem reinen Gottesbild in uns führt.

Wege zur Seele

WUNIBALD MÜLLER: Unsere Seele kann uns wie ein Du gegenübertreten. Dieses Du begleitet uns wie ein Schutzengel ein Leben lang. Es ist wichtig, mit unserer Seele in Beziehung zu treten, so wie wir mit einem anderen Menschen, der uns wichtig ist, eine Beziehung unterhalten. Eine Möglichkeit, Kontakt aufzunehmen, besteht über Träume. In ihnen zeigt sich unsere Seele. Durch das Bestreben, uns an unsere Träume erinnern zu wollen, signalisieren wir unserer Seele, dass wir hören wollen, was sie uns mitteilen möchte, und dass wir in ihren Mitteilungen Botschaften von ihr sehen, die zu beachten und zu beherzigen für uns von großer Bedeutung ist. Das Nachspüren der Träume, die Erinnerung an sie, bringt uns in Berührung mit unserer Seele. Träume schieben sozusagen beiseite, was uns davon abhält, mit unserer Seele in Berührung zu kommen. So tragen sie dazu bei, unsere Seele unverstellt zu erfahren.

ANSELM GRÜN: Du sprichst von der Seele als Schutzengel. In der christlichen Tradition galt der Engel immer als der, der mich in Berührung bringt mit meiner Seele, der unserer Seele Recht verschafft, der mich einführt in das Potenzial, das in meiner Seele bereitliegt.

Dabei sprechen Engel gerade in den Träumen zu uns. Der Traum mutet uns viel mehr zu, als wir selbst uns in unserer wach und bewusst erlebten Welt oft zutrauen würden.

Im Traum führen uns Engel die Buntheit der Seele vor Augen, sie zeigen uns die eigenen Möglichkeiten auf. Im Traum können wir fliegen, da verwandeln wir uns in ein Tier und wieder in einen Menschen. Da sterben wir und sind doch lebendig. Da können wir manchmal das Licht Gottes sehen. Im Traum – so sagt der jüdische Philosoph Friedrich Weinreb – tauchen wir ein in den göttlichen Wurzelgrund. Und Bischof Synesios (370–412), der noch ganz in der griechischen Philosophie daheim war, meint, dass der Schlaf der Seele »die Fähigkeit eröffnet, über die Natur hinauszugehen und sich selbst mit der intelligiblen Sphäre zu vereinigen, von welcher sie so weit her gewandert ist, dass sie gar nicht mehr weiß, woher sie kam«.

WUNIBALD MÜLLER: Eine andere Kontaktmöglichkeit mit der Seele besteht darin, in bestimmten Situationen unseres Lebens direkt mit unserem Seelen-Du zu sprechen. Von C. G. Jung wird berichtet, dass er in Situationen, in denen er durch vernünftiges Überlegen nicht mehr weiterkam, Briefe an seine Anima, also seine Seele, schrieb, um von ihr zu erfahren, was jetzt

wohl ansteht und wie es für ihn im Leben nun weitergehen soll.

ANSELM GRÜN: Das ist eine interessante Übung, die
C. G. Jung praktiziert hat, einen Brief an seine Anima zu
schreiben. Der christliche Mönch, Asket und Schriftsteller Evagrius Ponticus gibt den Rat, dann, wenn es uns
schlecht geht, unsere Seele gleichsam in zwei Teile zu
teilen und sie miteinander sprechen zu lassen. Wir sollen dann mit dem Psalmisten sagen: »Meine Seele, warum bist du betrübt und bist so unruhig in mir? Harre auf
Gott; denn ich werde ihm noch danken, meinem Gott
und Retter, auf den ich schaue« (Ps 42,6). Das Zwiegespräch mit meiner Seele oder mit den beiden Berei-
chen meiner Seele, der vertrauenden und der betrübten,
bringt mich in Berührung mit dem Vertrauen und mit
der Kraft, die in meiner Seele liegt. Aber meine Seele darf
auch traurig und betrübt und unruhig sein. Ich darf alle
Stimmungen meiner Seele zulassen. Doch in meiner Seele ist gleichzeitig immer schon die Antwort auf Zweifel
und Ängste und Traurigkeit. So gleicht die Übung von
C. G. Jung dem, was Evagrius Ponticus schon vor über
1600 Jahren praktiziert hat: einen Dialog mit seiner Seele zu führen, um durch all die inneren Nöte tiefer in den
Grund zu gelangen, in dem die Antwort auf meine tiefsten Fragen schon bereitliegt.

WUNIBALD MÜLLER: In Situationen, in denen wir uns bedroht oder ängstlich erleben, kann es helfen, uns der Anwesenheit und Nähe unserer Seele bewusst zu werden. Unsere Seele kann für uns dann wie ein Schutzengel sein, der um uns weiß, uns gut will, uns behütet.

ANSELM GRÜN: Engel zeigen uns den Reichtum und die Entfaltungsmöglichkeiten, die in unserer Seele bereitliegen. Engel schützen unsere Seele. Sie führen uns ein in das Geheimnis der Seele. Sie stehen selbst für den inneren Bereich in uns. Die Kunst hat die Seele und die Engel oft auf ähnliche Weise dargestellt. Künstler haben ein Gespür dafür, dass die Engel einen engen Bezug zur Seele haben.

Engel sind genauso unsichtbar wie die Seele. Sie sind aber auch erfahrbar wie die Seele. Sie sind aus einem anderen Stoff als die sichtbare Welt. Sie erfüllen unsere Sehnsucht nach Ekstase, nach einer anderen und tieferen Sicht der Wirklichkeit. Engel stehen für die Kräfte unserer Seele, für die inneren Ressourcen, aus denen wir schöpfen müssen, um unser Leben zu bestehen. Sie beschreiben die Möglichkeiten, die in unserer Seele bereitliegen, damit wir jenen Reichtum des Lebens entfalten können, den Gott uns zugedacht hat.

Engel führen uns ein in die Tugenden, die unsere Seele braucht, um tauglich zu sein für die Aufgabe, unser Personsein authentisch darzustellen. Das meint genau das Wort »Tugend«, dass wir als Mensch »tauglich« sind, dass wir eine »Tüchtigkeit« als Mensch entwickeln, dass wir die Kräfte, die in uns sind, zur Entfaltung bringen. Die Tugenden ermöglichen es uns, in dieser Welt tüchtig zu sein. Sie befähigen uns, die Aufgaben in der Welt zu erfüllen. Wir müssen uns die Tugenden nicht mit unserer eigenen Willenskraft mühsam erarbeiten. Ein Engel begleitet uns und weist uns ein in die Kunst des Lebens. Der Engel spürt, was wir gerade nötig haben. Er ist in Berührung mit unserer Seele. Er gibt ihr das, was sie gerade nährt, was sie gerade braucht, um den nächsten Lebensabschnitt gut zu bewältigen.

Die Engel möchten gerne das Heil der Seele sehen. Ihnen ist es ein Anliegen, dass die Seele heil und ganz ist, dass sie ihren Glanz nicht verliert, sondern sich so zeigt, wie sie Gott geschaffen hat. Engel beflügeln die Seele, dass sie den Reichtum ihrer Anlagen entfalten kann. Engel bringen uns in Berührung mit unserer Seele, damit wir uns in unserer Seele wohlfühlen, damit wir daheim sind in unserer Seele, damit wir wieder in unserer Seele wohnen und nicht im kalten Außen heutiger Betonwüsten.

Engel schützen die Seele. Sie breiten ihre Flügel aus, damit die seelenlosen und unmenschlichen Tendenzen sie nicht verletzen. Engel wachen über unsere Seele, damit sie uns beseelen kann, damit sie heilend und belebend auf unser menschliches Sein wirken kann. Engel führen ein in die verschiedenen Haltungen, in denen sich die Seele ausdrückt. Sie locken das Leben hervor, das in der Seele steckt. Sie bringen das Potenzial menschlicher Möglichkeiten zur Geltung. Engel verweisen uns auf den Reichtum, der in uns verborgen liegt. Sie bringen unsere Seele zum Schwingen, damit sie in allem, was wir tun, mitschwingt. Wenn unsere Seele zu schwingen beginnt, dann können wir auch einschwingen in die Seelen der Menschen um uns herum. Dann entsteht eine gemeinsame Schwingung. Wir fühlen uns im Innersten mit den Menschen verbunden.

WUNIBALD MÜLLER: Du sagst, Engel schützen die Seele. Auch die Seele selbst ist so etwas wie ein Schutz für unser Leben. Sie umarmt unser Leben. Sie ist wie die Ozonschicht, die uns vor Einflüssen und Eingebungen, die uns schaden könnten, beschützt. Dabei ist es wichtig, der Seele das Geheimnisvolle zu belassen, das sie birgt und in sich trägt. Es gilt, sie in ihrer Natürlichkeit zu belassen und sie nicht mit »Neonlicht« auszuleuchten und damit zu verjagen.

So tue ich gut daran, mich immer wieder aufzumachen, die Seele zu entdecken. Ich kann die Seele entdecken oder ich kann mit der Seele in Berührung kommen, indem ich mich zu Menschen begebe, die beseelt sind, oder indem ich an Plätze gehe, die Seele haben, wie in bestimmten Kathedralen oder wie die Klagemauer. Ein Theater, ein Ritual, Religion, alles kann Seele vermitteln.

Manche Ereignisse, die wir auf unserem Weg zur Seele als irritierend empfinden, können sich als Teil dieses Weges erweisen. Dann sind diese Hindernisse eine Einladung, über das Gängige und Vertraute hinauszuwachsen. Nicht das Ereignis, sondern die Art und Weise, wie wir darauf reagieren, kann manchmal wichtig sein.

Mit unserer Seele kommen wir auch in Berührung, wenn wir das loslassen, was uns von ihr trennt. So kann die Konzentration auf das Äußere uns davon abhalten, uns auf unsere Seele einzulassen. Ein Zen-Sprichwort lautet: »Der Frühling kommt, und das Gras wächst von alleine.« Weniger Bemühen ist oft mehr. Zu viel Nachdenken und Analysieren kann auch zu geistiger Lähmung führen. Der Weg zur Seele bedarf vor allem des Vertrauens auf unsere Intuition, unser inneres Spüren, unsere eigene Erfahrung.

ANSELM GRÜN: Der Mensch denkt nicht nur mit seinem Verstand, sondern auch mit seiner Seele. Die »Gedanken meiner Seel«, von denen Paul Gerhardt spricht, meinen dabei keine rein intellektuellen Gedanken, sondern eher ein inneres Wissen: »Das weiß meine Seele wohl.« Mit diesem Wort will Paul Gerhardt auf eine andere Art von Wissen hinweisen.

Bevor wir über etwas nachgedacht oder mit andern über etwas gesprochen haben, weiß unsere Seele schon, was für uns gut ist. Heute würden wir sagen: Es sind Bauchgefühl und Intuition, die oft tiefer sehen und mehr erkennen als der Verstand. Friedrich Schiller spricht von der »ahnungsvollen« Seele. Die Seele trägt in sich eine Ahnung von dem, was die Zukunft bringen kann. Sie weiß im Tiefsten, wie eine Beziehung verlaufen wird oder ein Geschäft, wie sich die Gruppe entwickeln wird. Wir müssen lernen, auf die ahnungsvolle Seele zu hören und ihr zu trauen. Wer alles nur mit dem Verstand erkennen will und nicht auf die Seele hört, wird mit seinem Leben scheitern.

Der heilige Benedikt verlangt gerade vom Cellerar, dass er immer auf seine eigene Seele achtet. Er soll das Kloster wirtschaftlich nicht nur nach rein rationalen Gesichtspunkten oder nur nach finanziellen Aspekten leiten. Vielmehr soll er auf seine Seele achten, was sie ihm über ihn selbst sagt und welche Ideen und Bilder sie ihm für die wirtschaftliche und spirituelle Ausrichtung des Klosters bereitstellt.

WUNIBALD MÜLLER: Für mich ist es genau deshalb wichtig, immer wieder dafür Sorge zu tragen, dass ich mit meiner Seele in Berührung bin. Mir, so gut es geht, immer wieder bewusst mache, dass es in mir diese Kraft, diese Instanz gibt. Wenn es mir gelingt, mit meiner Seele in Berührung zu sein, dann kann ich wach in eine Begegnung gehen, weiß ich, dass meine Entscheidungen auch von meiner Seele beeinflusst worden sind, dass alles, was ich denke und tue, von der Melodie meiner Seele unterlegt ist. Dabei sind es oft nicht mehr als Ahnungen, die aus meiner Seele aufsteigen.

Sie ist der Grund meines Bewusstseins, das »lebendige Ding, das wir deutlich oder undeutlich als Grund für unser Bewusstsein verspüren oder als die Atmosphäre unseres Bewusstseins«, so C. G. Jung. Mit diesem Grund bin ich einmal mehr, einmal weniger in Berührung. Die Atmosphäre meines Bewusstseins, in der ich meine Seele spüre, nehme ich vor allem am Beginn eines Tages wahr, vor allem, wenn ich gerade aus einem Traum aufwache. Da kann es sein, dass ich froh gestimmt aufwache, gleichsam die Seele in mir singt, ich mich beschwingt fühle, frei, erlöst.

Dann gibt es Tage, in denen ich beschwert aufwache, mich etwas bedrückt, ich vielleicht launisch und unzufrieden bin. Ich kann oft nicht erkennen, was aus meinem äußeren Leben dafür verantwortlich zu machen ist. Diese Gemütslage ist dann eher als Auswirkung meines seelischen Zustandes zu verstehen. Eine tiefere Seite in mir empfindet etwas, das mich niederdrückt.

Die Sprache der Seele ist das, was ich nicht überhören möchte. Sie ist der Weg zu meiner Seele. Über sie äußert sich meine Seele, kommentiert sie mein Leben, einschließlich meines Verhaltens und Tuns.

ANSELM GRÜN: Die Dichter wissen um den inneren Reichtum der Seele. Die Seele hat eine eigene Fähigkeit, etwas zu verstehen, zu fühlen, zu erkennen. Friedrich Hölderlin hat immer wieder von der ahnenden, wissenden und fühlenden Seele geschrieben. Man spürt seinen Worten an, dass die Seele ihn mit den Tiefen seines Geistes in Berührung brachte, dass es die Seele war, die ihm einen so schönen Text eingab:

> »Was der Geister stolzestes Verlangen
> In den Tiefen, in den Höh'n erzielt,
> Hab' ich allzumal in dir empfangen,
> Seit dich ahnend meine Seele fühlt.«

Die Seele, die das Geheimnis des geliebten Menschen spürt, führt den Dichter in die Tiefen und Höhen des Seins, letztlich in die Tiefen und Höhen Gottes. Die Seele versteht das Geheimnis des Lebens und das Geheimnis Gottes. Hölderlin fasst das in die Worte:

»So sprach der gute Vater, vieles wollt'
Er wohl noch sagen, denn die Seele war
Ihm aufgegangen, aber Worte fehlten ihm.«

Manches, was die Seele erkennt und fühlt, können wir nicht mit Worten ausdrücken. Doch wenn die Seele uns aufgeht, dann erfassen wir die Wahrheit allen Seins. Im Grund der Seele wissen wir, was die »Welt im Innersten zusammenhält«. Im Grunde der Seele schauen wir den Dingen auf den Grund. Da blicken wir durch. Da wird uns alles klar. Die Griechen nennen das »theoria« und die Römer »contemplatio«: Schau der Wahrheit, Schau des Eigentlichen. Die Seele hat die Fähigkeit, hinter die Dinge zu sehen und so das Eigentliche zu erkennen.

TEIL II

Von der Unsterblichkeit der Seele

WUNIBALD MÜLLER: Wir sollten uns jetzt einem Thema widmen, das unbedingt bedacht werden muss, wenn man von der Seele spricht. Ich meine damit die Vorstellung von der Unsterblichkeit der Seele. Wir begeben uns damit auf eine Ebene, die noch mehr als das, was wir bisher schon über die Seele sagten, unser Denken und unsere Möglichkeiten, darüber und dazu etwas zu sagen, übersteigt. Und dennoch sollten wir es wagen, uns darüber Gedanken zu machen.

Nach C. G. Jung stellt die kirchlich dogmatisch festgestellte Unsterblichkeit der Seele »diese über die Vergänglichkeit des körperlichen Menschen und macht sie zum Teilhaber einer übernatürlichen Eigenschaft. Sie überragt damit den sterblichen Bewusstseinsmensch um ein Vielfaches an Bedeutung …« Das ist die gewichtige Aussage eines Mannes, der von sich sagt, dass er über alles – und das gilt auch für seine Aussagen über die Seele – als Wissenschaftler spricht:

> »In mir hat sich tief die Vorstellung eingeprägt,
> nach der die Seele nur vorübergehend meinen
> Leib bewohnt und ihn im Augenblick meines
> Todes verlässt. Während mein Leib vergeht

und verwest, wird meine Seele überleben.
Sinn des sterblichen Lebens ist die Erlösung der
unsterblichen Seele.«

Das war auch in etwa die gängige Lehre der katholischen
Kirche über die Unsterblichkeit der Seele. Inzwischen
gibt es Theologen, die meinen, die Seele bleibe ein Krüp-
pelwesen, solange sie nicht mit dem Leib wesenhaft vereint sei. Doch wie man sich das Weiterleben der Seele
vorstellen kann, wenn wir gestorben sind und unser Leib
dann offensichtlich verwest, bleibt offen.

Die Volkskunst stellt die Seele häufig als Seelenvogel
dar, der aus dem sterbenden Leib des Menschen ent-
weicht. In christlichen Darstellungen nimmt Christus oft
die scheidende Seele als ein kleines mit weißem Gewand
bekleidetes Kind auf.

ANSELM GRÜN: Um die Vorstellungen von der
Unsterblichkeit der Seele verstehen zu können, ist es
hilfreich, Einblick in die Geschichte der Philosophie
und Theologie zu nehmen und genau zu untersuchen,
wie die Philosophen und Theologen das Geheimnis der
Seele gesehen haben.

Da gibt es zunächst die Seelenlehre des Platon, der die
unsterbliche Seele im Gegensatz zum sterblichen Leib
sieht. Platon spricht von der Präexistenz der Seele. Be-

vor der Mensch existiert, hat seine Seele bereits von jeher eine Existenz in Gott. Bei der Geburt manifestiert sich dann diese Idee Gottes in einem konkreten Menschen.

Die griechischen Kirchenväter verbanden die Lehre von der Unsterblichkeit der Seele, die sie bei Platon vorfanden, mit der biblischen Idee von der Auferstehung der Toten. Die protestantische Theologie wehrte sich gegen diese Gleichsetzung dieser beiden Ideen. Für sie ist die Auferstehung der Toten das Werk Gottes. Im Tod stirbt für sie *auch* die menschliche Seele. Am Ende der Zeit wird Gott dann den Menschen vom Tod auferwecken.

Diese Interpretation hat dazu geführt, dass man alle Vorstellungen vom Tod und vom Zustand des Menschen nach dem Tod, vor allem aber alle Bilder der Vollendung im Tod, des ewigen Lebens in Gott, beiseitegeschoben hat. Am Ende hat man sich geweigert, dazu überhaupt etwas zu sagen. Das hat viele Menschen dazu gebracht, in anderen Religionen nach Vorstellungen von Tod und Fortleben nach dem Tod zu suchen. Für viele war schließlich die Idee der Reinkarnation am besten nachvollziehbar.

WUNIBALD MÜLLER: Offensichtlich spüren viele Menschen in sich die Sehnsucht, nach dem Tod weiterzuleben, als eine andere Person ins Leben zurückzukehren, bis dahin, dass sie sich vorstellen können, auch in einem Tier oder in einer Pflanze weiterzuleben. Wieder andere sprechen wie selbstverständlich davon, in einem vergangenen Leben ein Krieger oder eine Königin gewesen zu sein.

Ich habe manchmal den Eindruck, dass wir solche Vorstellungen und Ahnungen zu schnell als etwas verrückte Ideen abtun und die Menschen, die so denken und empfinden, nicht wirklich ernst nehmen. Ich selbst habe dazu keine Beziehung, und die Vorstellung einer Wiedergeburt ist mir fremd. Anderen mag jedoch unsere Vorstellung von einer unsterblichen Seele fremd bleiben.

Vielleicht sollten wir noch mutiger und ohne überheblich zu werden, von der Unsterblichkeit der Seele sprechen. Dann könnten wir von der Auferstehung der Toten, an die wir als Christen glauben, um ein Vielfaches überzeugender sprechen.

ANSELM GRÜN: Ich sehe das auch so und betrachte es daher als eine Aufgabe der Theologie, die platonische Sicht von der Unsterblichkeit der Seele mit der biblischen Sicht der Auferweckung aus dem Tod zu verbinden. Das ist übrigens auch das Anliegen von Papst Benedikt XVI. Ohne die Offenheit für die philosophischen Vorstellungen von der Unsterblichkeit der Seele können wir nicht glaubwürdig über die Auferstehung der Toten sprechen.

Dabei kann ich verstehen, dass wir uns mit manchen

philosophischen Spekulationen über die Unsterblichkeit der Seele heute schwertun. Wir sind nicht mehr so spekulativ veranlagt wie die Menschen früher. Doch bei allem, was Philosophen und Theologen über die Seele gedacht und gesagt haben, kommt es darauf an, die Erfahrung zu machen, die hinter den Aussagen steckt. Dann beginnen die alten Bilder auf einmal zu leuchten, sie bekommen einen neuen Glanz für uns.

Der Mensch hat nach biblischem Verständnis von seinem Wesen her einen Bezug zu Gott. Dieser Bezug zu Gott kann sogar den Tod überdauern. Das Alte Testament kennt die griechische Lehre von der Unsterblichkeit der Seele nicht. In den Weisheitsschriften des Alten Testaments finden wir den Glauben daran, dass die Seele des Gerechten in Gottes Hand ist und von Gott auch über den Tod hinaus bewahrt wird. So gelangt das Alte Testament letztlich zu einer ähnlichen Auffassung von der Unsterblichkeit des Menschen, die nicht in seiner Natur liegt, sondern in der Treue Gottes zum Menschen, wie die Griechen.

WUNIBALD MÜLLER: Die Vorstellung von der Unsterblichkeit der Seele hat zu vielen ganz unterschiedlichen Spekulationen geführt, die zeigen, welch großes Interesse diesem Phänomen entgegengebracht und wie sehr dadurch ein schöpferisches Nachdenken darüber stimuliert wird. So repräsentiert für Rabbi Harold Kushner die Seele jene Teile unseres menschlichen Seins, die nicht physischer Art sind. Dazu zählt er unsere Wertvorstellungen, unsere Erinnerungen und unsere Identität, in der unsere Einzigartigkeit in besonderer Weise zum Ausdruck kommt. Die Seele, so seine Überzeugung, kann nicht krank werden, nicht sterben, nicht einfach verschwinden. Also ist sie unsterblich.

Das ist eine interessante Version, sich die Unsterblichkeit der Seele vorzustellen. Auf der anderen Seite bleibt natürlich die Frage, wo kann das, was hier mit Seele gemeint ist, ausgedrückt werden, wenn nicht über unseren Leib. Hier muss man aufpassen, nicht wieder dieser unsäglichen Trennung, hier Leib, dort Geist oder Seele, zu verfallen, zugleich aber auch offen dafür zu bleiben, im Wirken der Seele eine Kraft zu sehen, die zwar nicht ohne den Leib leben, aber auf unseren Leib einwirken kann. So sehr sie nicht ohne unseren Leib gesehen werden kann, stellt sie eine Größe dar, die mehr ist als unser Leib.

Unser körperliches Empfinden hat Auswirkungen auf unser seelisches Befinden, doch der Einfluss unseres Leibes auf unsere Seele bleibt begrenzt. Das Verhältnis zwischen unserem Leib und unserer Seele ist nicht symbiotisch. Seele und Leib sind aufeinander bezogen, ohne dadurch ihre Selbstständigkeit und Bewegungsfreiheit zu verlieren.

ANSELM GRÜN: Ich finde es übrigens auch wichtig, die Unsterblichkeit der Seele nicht als abstrakte Lehre zu verstehen, sondern die Erfahrung zu bedenken, die hinter einer solchen Lehre steht. Die Erfahrung kann dem entsprechen, was der jüdische Theologe Rabbi Harold Kushner über die Seele schreibt. Die Seele ist unsterblich, weil sie diese Welt immer schon übersteigt. In ihr ist etwas in uns, über das die Welt keine Macht hat. Wir brauchen Leib und Seele tatsächlich gar nicht auseinanderzureißen. Sie gehören zusammen. Aber die Seele zeigt die Dimension unseres Personseins, die nicht zerstört werden kann, auch dann nicht, wenn der Leib stirbt. Sie ist an den Leib gebunden und übersteigt ihn zugleich. Sie gestaltet und formt den Leib und wird sich auch wieder im Leib ausdrücken, sobald sie sich von unserem sterblichen und der Verwesung anheimgegebenen Leib getrennt hat.

Wichtig ist mir auch, dass ich die Seele immer als Bezogensein verstehe. Sie ist nämlich nicht nur auf den Leib bezogen, sondern auch auf andere Menschen und letztlich auf Gott. Und nur von diesem Bezogensein her können wir die Lehre von der Unsterblichkeit der Seele verstehen. Wer in seinem Innersten bezogen ist auf Gott, kann aus dieser Bezogenheit nicht mehr herausfallen, auch durch den Tod nicht. Er wird im Tod eine neue Qualität der Beziehung zu Gott, zu sich selbst und zu seinem Leib erfahren.

Die Frage nach dem ewigen Leben

WUNIBALD MÜLLER: Kurz vor seinem Tod ging Karl Rahner in der Freiburger Katholischen Akademie am Ende seines Vortrages auf Vorstellungen über das ewige Leben ein. Seine Stimme wurde leiser, als er, wie nach den richtigen Worten suchend, eher stammelnd als dozierend, meinte:

>>Mir will scheinen, dass die Vorstellungs-
schemen, mit denen man das Ewige Leben
zu verdeutlichen versucht, meist wenig zu
der radikalen Zäsur passen, die doch mit
dem Tod gegeben ist. (…) Ich gestehe,
dass es mir eine quälende, nicht bewältigte
Aufgabe des Theologen von heute zu sein
scheint, ein besseres Vorstellungsmodell für
dieses Ewige Leben zu entdecken, das diese
genannten Verharmlosungen von vorneherein
ausschließt. Aber wie? Aber wie? Wenn die
Engel des Todes all den nichtigen Müll,
den wir unsere Geschichte nennen, aus den
Räumen unseres Geistes hinausgeschafft
haben, (...) wenn alle Sterne unserer Ideale,
mit denen wir selber aus eigener Anmaßung

den Himmel unserer Existenz drapiert
hatten, verglüht und erloschen sind, wenn
der Tod eine ungeheuerlich schweigende
Leere errichtet hat …, und wenn sich dann
in einem ungeheuren Schrecken eines
unsagbaren Jubels zeigt, dass diese ungeheuere
schweigende Leere, die wir als Tod
empfinden, in Wahrheit erfüllt ist von seinem
reinem Licht und seiner alles nehmenden und
alles schenkenden Liebe, und wenn uns dann
auch noch aus diesem weiselosen Geheimnis
doch das Antlitz Jesu, des Gebenedeiten,
erscheint und uns anblickt und diese Konkret-
heit *die göttliche Überbietung* all unserer
wahren Annahme der Unbegreiflichkeit des
weiselosen Gottes ist, dann, dann so ungefähr
möchte ich nicht eigentlich beschreiben, was
kommt, aber doch stammelnd andeuten,
wie einer vorläufig das Kommende erwarten
kann, indem er den Untergang des Todes
selber schon als Aufgang dessen erfährt,
was kommt. 80 Jahre sind eine lange Zeit.
Für jeden aber ist die Lebenszeit, die ihm
zugemessen ist, der kurze Augenblick, in dem
wird, was sein soll.«

Mir gefällt die Zurückhaltung von Karl Rahner, wenn er vom ewigen Leben spricht. Oder wenn er auf die radikale Zäsur hinweist, die mit unserem Tod einhergeht.

ANSELM GRÜN: Du zitierst Karl Rahner. Die Deutung, die er der thomistischen Seelenlehre gegeben hat, ist für mich wichtig geworden. Rahner spricht vom Leibbezug der Seele. Im Tod trennt sich die Seele vom Leib. Und in diesem Augenblick vermag sie ganz über sich zu verfügen. So ist der Augenblick des Todes, da die Seele sich vom Leib trennt, der einzige Augenblick, in dem die Seele sich ganz frei entscheiden kann, für oder gegen Gott.

Aber zugleich – so sagt Rahner – drückt sich die Seele wieder in einem Leib aus. Es ist der verherrlichte Leib. Die katholische Lehre, dass Maria mit Leib und Seele in den Himmel aufgenommen wurde, gilt schließlich auch für uns Christen. Unsere Seele wird nicht einfach aufgehen in einem Meer des Göttlichen. Wir werden mit Leib und Seele zu Gott kommen. Natürlich wird dieser Leib erst verwesen. Aber wenn die Seele sich auch nach dem Tod im Leib ausdrückt, dann bedeutet das, dass wir als Person zu Gott kommen. Denn der Leib ist der Gedächtnisspeicher aller wichtigen seelischen Erfahrungen. Unsere Erfahrung von Liebe und Freude, von Leid und

Trauer geht über den Leib. Wir werden zu Gott kommen mit all den Erfahrungen, die unser Leib gespeichert hat, mit der einmaligen Weise, wie wir unser einzigartiges und unverwechselbares Selbst ausdrücken. Indem sich die Seele im Leib ausdrückt, werden wir fähig, die Beziehung zu den anderen Menschen wahrzunehmen. Die Idee, dass wir uns im Tod wiedersehen werden, setzt diese Vorstellung voraus, dass nämlich die Seele sich auch nach dem Tod in verklärtem Leib ausdrückt.

WUNIBALD MÜLLER: Wie muss man sich das vorstellen? Kann man sich das überhaupt vorstellen? Ich merke an dieser Stelle, wie sehr es bei einer Diskussion über die Unsterblichkeit der Seele einer großen Bescheidenheit bedarf, denn es können hier nur Vermutungen ausgesprochen werden. Es kommt eher einem Gestammel denn einer klar, unanfechtbar vorgetragenen Erkenntnis gleich.

Es ist zugleich der Versuch, bei unserer Diskussion über die Seele und ihre Unsterblichkeit die Mauer zu durchbrechen, die zwischen dem, was man diesseitig und jenseitig nennt, steht. Wobei wir ja schon damit zufrieden sein sollten, wenn wir wenigstens einige Gucklöcher entdecken, um durch sie einen Blick in das Jenseitige, das Ewige werfen zu können.

Doch mehr als eine vage Vorstellung davon werden

wir nicht erhalten. Eine Vorstellung, die uns durch etwas Nicht-Gegenständliches, Nicht-Materielles vermittelt wird, das zugleich aber von etwas Gegenständlichem, Materiellem, Fleischlichem, von uns leiblichen Menschen erfasst, ertastet, erahnt werden kann. Es bedarf dazu eines Resonanzbodens, einer Antenne, die dieses Nicht-Gegenständige, Nicht-Materielle aufgreifen, registrieren, wahrnehmen kann. Das aber ist die Seele. Ist das nicht spannend und faszinierend?

Wir können die Unsterblichkeit der Seele nicht beweisen, meint auch C. G. Jung, ohne damit »die von der religiösen Überzeugung bejahte Tatsache der Unsterblichkeit der Seele« ausschließen zu wollen. Jung spricht von der eigenen Logik der Seele, die die naturwissenschaftliche Logik übersteigt. Zu dieser gehört es, dass »wir den Tod als die Sinnerfüllung des Lebens und als sein eigentlichstes Ziel betrachten anstatt als ein bloß sinnloses Aufhören«.

ANSELM GRÜN: Bei allem, was wir über die Unsterblichkeit der Seele sagen, müssen wir immer wissen, dass all unsere Aussagen immer nur Bilder sind für ein Geheimnis, das wir letztlich weder mit Worten noch mit Bildern ausdrücken können. Die Bilder, die uns die Bibel für unser Sein nach dem Tod bereitstellt, sind wie Fenster, durch die wir in das namenlose Geheimnis Gottes und des ewigen Lebens schauen können. Aber wir können durch dieses Fenster hindurch nichts festhalten. Wir schauen letztlich ins Unendliche.

Ich habe jedenfalls keine Probleme, die Unsterblichkeit der Seele, so wie sie Platon gelehrt hat, mit der christlichen Lehre von der Auferstehung der Toten zu verbinden. Die Unsterblichkeit der Seele zeigt, dass unser Personkern nicht zerstört werden kann. Ich kann das auch sehr persönlich ausdrücken: Ich, als Person, kann nicht aus der Liebe Gottes herausfallen. Die Liebe ist stärker als der Tod.

Der französische Philosoph und Vertreter des christlichen Existenzialismus Gabriel Marcel hat das in dem bekanntgewordenen Satz ausgedrückt: »Lieben, das heißt zum andern zu sagen: Du, du wirst nicht sterben.« In der Liebe liegt schon etwas, das den Tod übersteigt. Die Vorstellung von der Unsterblichkeit der Seele zeigt, dass in uns etwas ist, über das der Tod keine Macht hat.

C. G. Jung bestätigt die Auffassung Platons von der Unsterblichkeit der Seele. Er schreibt als Psychologe, dass es eine Gesetzmäßigkeit der Seele ist, an die Unsterblichkeit zu glauben. Wenn einer also lauthals verkündet, mit dem Tod sei alles aus, so klingt das zwar oft genug rational begründet. Doch er verstößt gegen die Gesetze seiner Seele. Und das – so meint C. G. Jung – führt zur Krankheit, zur Neurose, zum krampfhaften Festhalten am eigenen Ego. Nur der, der an ein Fortleben nach dem Tod glaubt, würde der Struktur seiner Seele gerecht werden, der würde letztlich gesund leben. Denn der andere wird sich krampfhaft an sich selbst, an seinem Erfolg und an seinem Ruf festklammern.

WUNIBALD MÜLLER: Der Journalist Otmar Jenner zitiert in seinem Buch *Das Buch des Übergangs* folgendes Gespräch mit der sterbenden, krebskranken Leonie, die er begleitet hat:

> »Wen trifft die Seele im Jenseits, Otmar?«
> »Sich selbst, mit all ihren Ängsten und Erfahrungen.«
>
> »Aha. Was geschieht mit ihr – wenn's sie überhaupt gibt?«
> »Es gibt sie, und sie durchläuft einen Prozess der Selbstauflösung. Das ist nicht immer angenehm.«
> »Wo geht sie hin?«
> »In den gestaltlosen gigantischen Raum, der Heimat ist.«
> »Ist es dort hell oder dunkel?«
> »Sehr, sehr hell.«
> »Haben die Dinge noch Gestalt?«

»Ob man dort Moped fahren kann, meinst
du?«

»Zum Beispiel.«

»Man kann dort nur vom Fahren träumen,
nicht wirklich fahren wie im Diesseits.
Allerdings auch nicht durch einen Unfall
sterben, das wäre wieder ein Vorteil.«

Wie stellst du dir das vor, wenn du eines Tages heimgehst
zu Gott? Ich finde meine Vorstellungen sehr gut wie-
dergegeben in den Worten des Alttestamentlers Alfons
Deissler, der es inzwischen »weiß«, wenn er sagt:

»Eines Tages wird mein Lebensweg an einer
Mauer angekommen sein, und ich warte, über
die Mauer gehoben zu werden. Ich habe den
sehnlichen Wunsch, dass mir dann, wenn ich
Adieu sagen muss, alle Liebe, die ich erfahren
habe, und alle Offenbarung Gottes in meinem
Leben gegenwärtig sind.«

Auf die Frage, was hinter der Mauer sei, antwortet er,
dass das nicht in Worten zu erfassen sei: »Gott, Christus von Angesicht zu Angesicht treffen, Shalom in seiner
ganzen Fülle, vereint mit lieben Menschen …«

ANSELM GRÜN: Bei allem, was ich über den Tod und das ewige Leben schon gesagt habe, frage ich mich natürlich immer wieder: Wie wird es wirklich sein? Wie kann ich das verstehen? Wie kann ich es mir vorstellen? Mir hilft die Vorstellung: Ich werde im Tod Gott als der ewigen Liebe begegnen. Und ich werde Christus begegnen, der meine tiefste Sehnsucht nach einem menschgewordenen Gott, nach dem menschlichen Antlitz Gottes erfüllt. Und ich stelle mir vor, wie ich mich in diese Liebe Gottes hinein ergebe und dann für immer am Ziel meiner Sehnsucht bin.

Was Ewigkeit ist, habe ich hier schon manchmal erfahren, wenn die Zeit stillgestanden ist. So stelle ich mir auch die Ewigkeit in Gott vor. Die Zeit steht still. Alles ist eins. Ich bin ganz zu mir selbst gekommen, in mein wahres Selbst, in das unverfälschte und einmalige Bild, das Gott sich von mir gemacht hat. Mir werden die Augen aufgehen, und ich werde erkennen. Ich werde auf den Grund allen Seins schauen. Und ich bin im Frieden. Und ich bin auch eins mit den Menschen, die mir in meinem Leben wichtig waren. So stelle ich es mir vor und weiß doch, dass all meine Vorstellungen nur eine Ahnung sind. Letztlich gilt das Wort des heiligen Paulus: »Was kein Auge gesehen und kein Ohr gehört hat, was keinem Menschen in den Sinn gekommen ist: das Große, das Gott denen bereitet hat, die ihn lieben« (1 Kor 2,9).

WUNIBALD MÜLLER: Schön finde ich, was Thomas Merton über die Seele sagt: »Die Seele, die meine
Substanz zusammenhält, eine harte Perle in der Höhlung
der Muschel, wird eines Tages sich vollkommen hingeben.« Das berührt mich sehr tief. Darin wird für mich das
Wesen der Seele zum Ausdruck gebracht. Sie ist die Substanz, die alles zusammenhält. Hier läuft alles, was mich
ausmacht, zusammen, verdichtet sich.

Die Seele, eine harte Perle in der Höhlung der Muschel. Eine solche Aussage muss man auf sich wirken lassen. Eine harte Perle in der Höhlung der Muschel, die
sich eines Tages vollkommen hingibt. Dann, wenn ich
sterbe, gibt sich diese harte Perle vollkommen hin. Da
kann ich nur verstummen und schweigen und hinspüren.
Mit meiner eigenen Seele in Berührung kommen. Meine eigene Seele als eine Perle verstehen in der Höhlung
der Muschel, im Innersten von mir, die als Substanz alles
von mir zusammenhält. Eines Tages gibt sie sich ganz,
vollkommen hin, wenn ich ganz werde in meiner Vollendung, wenn geschieht, was letztlich und endgültig geschehen muss.

»Ich werde als Wassertropfen im Meer der Liebe aufgehen, dem Nirwana«, so ein buddhistischer Mönch auf
die Frage, was nach dem Tod zu erwarten ist. Wir wissen nicht, was nach dem Tode geschieht. Die Aussage von
Thomas Merton jedoch hilft mir: »Die Seele, die meine

Substanz zusammenhält, eine harte Perle in der Höhlung der Muschel, wird eines Tages sich vollkommen hingeben.« Es ist meine Seele, die im Tiefsten auch meine Individualität ausmacht, die sich eines Tages hingeben wird. »Es macht die Würde des Menschen aus, dass er seine Identität wahrt und nicht einfach verlöscht«, sagt der Theologe Horst Georg Pöhlmann.

ANSELM GRÜN: Thomas Merton hat etwas Wesentliches über die Seele gesagt. Sie hält nicht nur meinen Leib, sondern auch meine Person zusammen. Sie durchdringt alles und eint alles in mir. Und ihr Wesen ist, dass sie sich hingibt. Im Tod wird sie sich ganz und gar hingeben und so eins mit Gott werden. Aber sie wird nicht – wie es der buddhistische Mönch meint – aufgehen wie ein Wassertropfen im Meer, sondern sie wird als dieser individuelle Mensch eins werden mit Gott. Die Seele – so sagt Karl Rahner – wird sich auch nach dem Tod einen Leib formen, der sie vom Meer der Namenlosen unterscheidet.

Aber dennoch ist auch in der Aussage des buddhistischen Mönches etwas Wahres. Die Seele wird im Meer der Liebe Gottes aufgehen. Sie wird sich an die Liebe Gottes hingeben. Sie wird ihr Ego nicht festhalten, sondern eins werden mit allen Menschen, die in Gottes Liebe im Tiefsten eins sind.

Letztlich können wir uns das nicht vorstellen. Daher
können wir nur in Bildern darüber sprechen. In der Aussage von Thomas Merton sehe ich aber nicht nur einen
Hinweis, wie die Seele sich im Tod vollkommen hingeben wird. Es ist vielmehr eine Aufforderung, sich schon
im Hier und Jetzt immer wieder einzuüben in die Hingabe. Dann werden wir dem Wesen unserer Seele gerecht,
wenn wir uns an den Augenblick hingeben, an den Menschen hingeben, dem wir uns gerade zuwenden, an Gott
hingeben, der uns hier und jetzt mit seiner unendlichen
Liebe umgibt.

Die Seele und der Kontakt mit den Toten

WUNIBALD MÜLLER: »Gedenket der Armen Seelen!«, fordert eine Aufschrift neben dem Eingang des Friedhofs von Söll in Tirol auf. Für mich heißt das zunächst, der Verstorbenen zu gedenken. Den inneren Kontakt mit ihnen nicht abreißen zu lassen. Das gilt natürlich in besonderer Weise für die Menschen, die uns nahestanden und die wir besonders vermissen. Es schließt auch andere, letztlich alle Menschen, die verstorben sind, mit ein. Wenn wir der Menschen gedenken, die gegangen sind, bleiben sie für uns lebendig. In gewisser Weise bleiben auch sie selbst dadurch lebendig. Man sagt, es gibt die Toten, und es gibt die *wirklich* Toten. Bei den wirklich Toten handelt es sich um jene, an die niemand mehr denkt.

Gehe ich davon aus, dass Tote auf irgendeine Weise weiterleben, wäre es auch schade, wenn ich sie vergessen würde, wenn ich nicht länger mit ihnen in Kontakt treten würde. Will ich das aber, kann ich es durch das Erinnern an sie, das Denken an sie, tun. Ich kann aber auch in eine direkte Beziehung zu ihnen treten. Davon bin ich jedenfalls überzeugt. Dazu bedarf es meiner Seele. Sie ist die »Schaltstelle«, die den Zugang zum Unbewussten, zum Unermesslichen, zum Geheimnisvollen ermöglicht. Über sie erfahre ich die Verbundenheit mit der übrigen und gewesenen Menschheit, über sie darf ich schon jetzt spüren, an das Grenzenlose angeschlossen zu sein. Über die Seele kann ich Kontakt aufnehmen mit den Menschen, die gewesen sind.

ANSELM GRÜN: Gerade im Blick auf die Verstorbenen sprechen wir oft von den Seelen. Da gibt es die Redensart: »Nun hat die arme Seele Ruh.« Wir beten für die Seelenruhe der Verstorbenen. Oder wir sprechen von den armen Seelen, die noch im Fegfeuer sind. Wir nennen sie »arm«, weil sie unserer Hilfe im Gebet bedürfen. Wir tun uns heute schwer mit solchen Redensarten. Aber dahinter steckt eine Ahnung, dass die Seele das Wesentliche des Menschen beschreibt. Die Seele meint die Person des Menschen. Und wir drücken mit diesem Bild aus, dass wir den Verstorbenen auch in seinem Prozess des Sich-Hingebens in die Liebe Gottes hinein mit unserem Gebet begleiten.

In unserer Seele spüren wir auch nach dem Tod eines lieben Menschen die innere Verbindung mit ihm. In der Trauer müssen wir zuerst Abschied nehmen vom Verstorbenen. Abschied tut immer weh. Aber das Ziel der Trauer ist, in eine neue Beziehung zum Verstorbenen zu treten, ihn als inneren Begleiter zu erfahren. In unserer

Seele spricht er zu uns. Da dürfen wir manchmal erfahren, dass er uns hilft, dass er uns einen Gedanken eingibt, der uns eine schwierige Situation bestehen lässt.

Es sind drei Wege, auf denen die Verstorbenen zu unserer Seele sprechen. Da sind die inneren Impulse. Auf einmal spüren wir, was der Verstorbene uns sagen möchte. Wir verstehen seine Botschaft an uns. Und wir erkennen, wie wir auf seine Botschaft antworten können.

Der zweite Weg sind die Träume. Wenn ich vom verstorbenen Vater oder der verstorbenen Mutter träume, so ist das für mich immer etwas Kostbares. Manchmal sagt der Vater ein Wort, das mich weiterführt oder mir hilft, die Dinge des Alltags zu relativieren. Oder die Mutter ist einfach nur da. Dann ist das eine Bestätigung, dass mein Leben jetzt stimmt und auch ihre Zustimmung findet. Und manchmal zeigen die Gegenwart des verstorbenen Vaters oder der verstorbenen Mutter, dass ich jetzt für diesen Lebensabschnitt die Eigenschaft meiner Eltern brauche, um gut weiterzugehen.

Der dritte Weg, auf dem Verstorbene unsere Seele berühren, führt über äußere Zeichen. In der Trauerbegleitung erzählen mir oft Menschen von Zeichen, die ihnen die Verstorbenen geben. Manchmal trauen sie sich kaum, davon zu erzählen, weil sie Angst haben, ich könnte das als Einbildung abtun oder sie gar als psychisch krank einstufen.

Ein Vater erzählt, dass am Beerdigungstag seiner dreijährigen Tochter die Lieblingsrose seiner Tochter aufgeblüht ist, zu einer Zeit, in der Rosen normalerweise nicht blühen. Eine Familie erlebte während des Requiems für den verstorbenen Sohn, dass die ganze Zeit ein Schmetterling um sie kreist. In der Kirche ist sonst kein Schmetterling zu sehen. Nur der eine ist da, und der bleibt nur bei der trauernden Familie. Für sie war das ein Zeichen, dass der verstorbene Sohn um sie herum ist und sie ermuntert, das Leben leichtzunehmen.

Es gibt viele solcher Phänomene. Die Frage ist, wie wir sie verstehen sollen. C. G. Jung spricht von der einen Welt, »unus mundus«, in der wir in der Tiefe miteinander verbunden sind. Auch der Tod kann diese innere Verbindung nicht aufheben. Es gibt eine Ebene, in der die Verbundenheit zwischen den Menschen, die sich lieben, bleibt, auch wenn sie weit entfernt sind, auch wenn der Tod sie voneinander trennt.

WUNIBALD MÜLLER: Der Kontakt mit den Toten geschieht auf dichteste und innigste Weise über meine Seele. Sie ist die Brücke vom Diesseits zum Jenseits. Doch sie beschränkt sich nicht nur darauf, sie bewegt sich gleichsam zwischen Diesseits und Jenseits, sie transportiert Diesseitiges ins Jenseitige und Jenseitiges ins Diesseitige.

Würden wir nur als äußere Personen leben, wären wir nicht in der Lage, die »Zwischenwand« nach innen zu »durchbrechen«. Wir könnten dann auch nicht mit den Verstorbenen in Kontakt treten. Das können wir erst, wenn wir sensibel sind für den Hintergrund, für das Ewige.

Wenn ich mich den Regungen meiner Seele überlasse, führt sie mich in das Reich des Ewigen. Ich spüre die Verbundenheit mit den Toten. Ich lasse mich nicht länger durch Stimmen, die mir einreden, das sei Unsinn, das sei unmöglich, davon abbringen. Ich bin dann so weit geöffnet, so sehr mit meiner Tiefe verbunden, dass mich nichts davon abbringen kann, mit den Toten in Kontakt zu treten, sie in Fühlungnahme mit mir treten zu lassen. Das erweitert meine Welt. Ich fühle mich nicht länger abgeschnitten von ihnen, erfahre Verbundenheit mit ihnen. Sie gehören jetzt zu meinem Leben.

Ich erinnere mich, wie ich eines Abends im Karmelitinnenkloster Heilig Blut, das direkt neben dem KZ Dachau liegt, an Edith Stein dachte, eine Karmelitin, die im KZ umgekommen ist. Währenddessen lief ich an der Mauer des ehemaligen KZ entlang. Nach einer Weile denke ich nicht länger an sie. Ich tauche innerlich ein in den Strom des Unermesslichen, überlasse mich den Regungen und Bewegungen meiner Seele. Ich gebe einfach alle Überlegungen und Vorbehalte auf, die mich davon abhalten möchten, daran zu glauben, in Kontakt mit Edith Stein treten zu können.

Ich spüre regelrecht, wie eine Schicht in mir wegbricht, die mir vorher den Blick und damit den Zugang zu den Toten verstellte. In mir weitet sich etwas. Ich bin selbst einen Schritt weit in die »andere Seite« eingedrungen, stehe mit einem Bein dort. Und das tut gut. Es ist einfach gut, so wie es ist. Edith Stein ist da, in meinem Herzen, in meiner Tiefe. Sie ist anders da als ihre Mitschwestern hier im Karmel. Aber sie ist da, weil ich sie bei mir einlasse. Weil ich mir nicht länger den Zugang zu ihr versperren lasse, sondern den Vorhang aufgezogen habe, der mir den Blick in das Reich des Ewigen bisher versperrte. Weil ich die Türe geöffnet habe, die mir das Betreten des Reiches der Ewigkeit bisher unmöglich machte. Ich überlasse mich den Regungen meiner Seele, die Seele, die durch verschlossene Türen dringt, mich dahin führt, wo sie mich hinführen, mich haben möchte.

Der Blick ins Jenseits, die Kontaktaufnahme mit den Menschen, die uns im Tod vorausgegangen sind, soll und muss den Blick in das Diesseits nicht verdrängen.

ANSELM GRÜN: Das gilt sogar für den alten Spruch, der oft bei Volksmissionen auf dem Kreuz stand, das die Volksmissionare in der jeweiligen Gemeinde aufgestellt haben: »Rette deine Seele!« Wir sehen darin die Gefahr, nur auf das Jenseits zu schauen und sich nicht um die Gegenwart zu kümmern.

Doch ich könnte diesen Satz schließlich auch anders verstehen. Es geht beim spirituellen Weg wirklich darum, seine Seele zu retten in einer seelenlos gewordenen Welt, das Gespür für die Seele zu erhalten, damit ich hier und jetzt als Mensch leben kann, als beseelter Mensch. Davon hängt meine Seligkeit ab, nicht nur meine Seligkeit im Jenseits, sondern schon jetzt. Das deutsche Wort »selig« kommt, wie schon gesagt, vermutlich von »Seele«. Wer beseelt ist, wer mit seiner Seele in Berührung ist, der fühlt sich selig. Oder wenn sich jemand verliebt hat, wenn seine Seele auf die Liebe eines Menschen reagiert, dann glaubt er, jetzt schon die Seligkeit zu kosten.

TEIL III

Die Seele verbindet uns mit Gott

WUNIBALD MÜLLER: Augustinus sagt von sich: »Ich möchte Gott und die Seele kennenlernen.« Er will sein Selbst finden in der Sehnsucht nach Kommunion mit dem ewigen »Anderen«. Für Augustinus ist die Selbsterkenntnis der erste Schritt hin zur Kenntnis der Seele Gottes. Ähnliches sagt der holländische Theologe und geistliche Schriftsteller Henri Nouwen: »Solange du dich selbst nicht kennst, kannst du Gott nicht kennen. Wir sind am meisten wir selbst, wenn wir Gott am ähnlichsten sind.«

Das ist ein hoher Anspruch, dem wir wohl nie gerecht werden können. Um auf eine tiefe und innige Weise mit Gott in Berührung kommen zu können, ist es wichtig, mit der Seele in Berührung zu sein. Ich kann darin eine tiefe Bereicherung für meinen Glauben erfahren. In einem Brief erklärt C. G. Jung: »Seele ist für mich ein Sammelbegriff für die Gesamtheit der sog. Seelischen Vorgänge.« Einsicht in die eigene Seele zu bekommen, auch um auf diese Weise noch besser in Berührung mit Gott kommen zu können, ist ein guter Weg.

ANSELM GRÜN: Augustinus will von nichts anderem wissen als von Gott und der Seele. Die Seele hat eine unergründliche Tiefe für ihn. Sie ist der Ort, an dem der Mensch auf Gott hin offen ist. Es braucht nach Augustinus ein Leben lang, das Geheimnis der Seele zu erforschen.

Für mich ist Augustinus ein Mann, der mit seiner Seele in Berührung war. Er hat über seine Seele so offen geschrieben wie wohl kein Theologe vor ihm. In den *Bekenntnissen* beschreibt er die Regungen seiner Seele, aber auch seine tiefste Sehnsucht. Er kommt in Berührung mit seiner Seele im Gebet und in der Meditation, aber auch im Gespräch mit Freunden. Als er mit seiner Mutter Monika das letzte Mal sprach, da war ihm, als ob ihre Seelen das Geheimnis selbst berührten. Ihm war es wichtig, mit seinen Freunden Briefe auszutauschen. Und er beklagt sich einmal, dass seine Freunde weit weg waren und er sich damit begnügen müsse, »ihre Seele aus ihren Büchern kennenzulernen«.

In seinem Buch *Bekenntnisse* offenbarte er seine Seele allen Lesern. Peter Brown schreibt über sein Verlangen, in diesem Buch seinen Freunden etwas von seiner Seele zu zeigen: »Wenigstens dieses Buch vermochte seine Seele über das Meer zu den Freunden zu tragen, deren Abwesenheit ihn quälte.«

WUNIBALD MÜLLER: Bei Augustinus, Karl Rahner, Henri Nouwen, Pierre Stutz und vielen anderen, uns nicht bekannten Männern und Frauen lässt sich eine tiefe Sehnsucht nach dem ganz Anderen, nach Gott, registrieren. Eine Sehnsucht, die sie immer wieder antreibt, sich aufzumachen, um Gott zu finden. Nur um immer wieder mit der Erfahrung konfrontiert zu werden, dass in diesem Leben, wie es Karl Rahner einmal sagte, alle Symphonien unvollendet bleiben. In dieser Sehnsucht spüre ich das Walten und Treiben der Seele, die in Gott zu ihrer Vollendung gelangen will.

ANSELM GRÜN: Die Seele ist ein Bild für die Sehnsucht des Menschen nach Gott. Im Psalm heißt es: »Meine Seele dürstet nach Gott« (Ps 42,3). Nicht nur der Leib hat Durst. Der Durst der Seele ist die Sehnsucht nach Gott. Und nur wenn Gott die Sehnsucht der Seele erfüllt, atmet sie auf, fühlt sie sich genährt. Dann taut die verhärtete Seele auf. Sie wird lebendig und kommt zu ihrem wahren Wesen.

Die Seele verbindet uns mit Gott. So sieht es nicht nur die griechische Philosophie. Fast alle religiösen Überlieferungen sind davon überzeugt, dass die Seele uns für Gott öffnet. Die Seele zeigt uns, dass wir als Menschen eingetaucht sind in den göttlichen Wurzelgrund, dass wir in unserem Innern Anteil haben an der göttlichen Natur, wie es im 2. Petrusbrief steht.

Und der erste Petrusbrief verheißt uns, dass wir durch

Christus das Ziel unseres Glaubens erreichen werden: »das Heil der Seelen« (1 Petr 1,9). Das Heil der Seelen zu sehen »ist sogar das Verlangen der Engel« (1 Petr 1,12). Die Christen sollen den irdischen Begierden nicht nachgeben, die gegen die Seele kämpfen (1 Petr 2,11). Christus selbst ist der Hirt und Bischof unserer Seelen (1 Petr 2,25). Gott hat in der Arche Noach die Seelen gleichsam durch Wasser gerettet. Das ist ein Bild für die Taufe. (1 Petr 3,19)

Viele Exegeten übersetzen an diesen Stellen »psyche« immer mit »Leben«. Doch wenn wir die ursprüngliche Bedeutung »Seele« bewusst einsetzen und dabei das Innere des Menschen verstehen, in dem er auf Gott hin offen ist, dann bekommen diese Stellen eine neue Bedeutung. Das Ziel des göttlichen Heilshandelns in Jesus Christus ist das Heil der Seele. Christus ist der Hüter unserer Seele. Er beschützt sie, damit wir in ihr immer die Beziehung zu Gott wahren.

Der Mensch soll in seinem Inneren wieder so werden, wie er von Gott gedacht war, als einer, der in seinem Herzen offen ist für Gott. Wenn wir uns jedoch von der Gier leiten lassen, dann leidet dieser innere Bereich Schaden. Dann verlieren wir unsere Seele. Daher brauchen wir Christus als den Hüter (Bischof), der über unsere Seele wacht und der sie beschützt. Und wir brauchen Christus als den Hirten, der unsere Seele weidet, der sie auf die grüne Aue führt, damit sie dort genährt wird.

Im Gleichnis von der verlorenen Drachme wird aufgezeigt, wie sehr unsere Seele den Kontakt mit Christus braucht. Da heißt es: »Wenn eine Frau zehn Drachmen hat und eine davon verliert, zündet sie dann nicht eine Lampe an, fegt das ganze Haus und sucht unermüdlich, bis sie das Geldstück findet? Und wenn sie es gefunden hat, ruft sie ihre Freundinnen und Nachbarinnen zusammen und sagt: Freut euch mit mir; ich habe die Drachme wieder gefunden, die ich verloren hatte« (Lk 15,8f.).

Gregor von Nyssa hat schon im vierten Jahrhundert dieses Gleichnis so gedeutet, dass es die Seele ist, die die Drachme verloren hat. Die Drachme steht für das Bild Christi in uns. Zehn ist ein Bild für die Ganzheit des Menschen. Wenn die Seele eine Drachme verliert, hat sie ihre Ganzheit verloren. Dann fällt sie auseinander. Die eine Drachme, Christus, lässt sie eins werden.

So sucht nach Gregor die Seele in den Tiefen ihres Unbewussten nach dieser einen Drachme, nach Christus. Und wenn sie Christus gefunden hat, dann lädt sie alle Seelenkräfte ein, mit ihr das Fest der Ganzwerdung und der Einswerdung zu feiern.

WUNIBALD MÜLLER: Die Seele habe, so C. G. Jung, »die Dignität eines Wesens (...), dem es gegeben ist, einer Beziehung zur Gottheit bewusst zu sein. Wenn es auch nur die Beziehung eines Tropfens zum Meere ist;

selbst das Meer wäre nicht ohne die Vielheit der Trop-
fen«.

ANSELM GRÜN: Jung sieht drei Bereiche der Seele:
erstens das Bewusstsein, zweitens das persönliche Unbewusste und drittens das kollektive Unbewusste. Bei der
Besprechung der Visionen des heiligen Klaus von der
Flüe meint Jung, dass sie nicht aus dem persönlichen Unbewussten hervorgehen, »sondern vielmehr aus jener –
wir dürfen schon sagen – geheimnisvollen Sphäre über-
persönlicher Faktoren, die dem Menschen irgendwie
zugrunde liegen«. Ja, er spricht von einer göttlichen Seele, die von ihrem Wesen her für das Göttliche offen ist.

WUNIBALD MÜLLER: So ist es eine der zentralen
Aufgaben der Seele, uns immer wieder mit dem Größeren, mit Gott, in Kontakt und in Berührung zu bringen. Den religiösen Bezug zur Seele stellt C. G. Jung
her, wenn er sagt:

> »Es wäre eine Blasphemie, zu behaupten,
> dass Gott sich überall offenbaren könne,
> nur gerade nicht in der menschlichen
> Seele. Ja, die Innigkeit der Beziehung
> zwischen Gott und Seele schließt jede
> Minderbewertung der Seele von vornherein

aus. Es ist vielleicht zu weit gegangen,
von einem Verwandtschaftsverhältnis zu
sprechen; aber auf alle Fälle muss die Seele
eine Beziehungsmöglichkeit, d. h. eine
Entsprechung zum Wesen Gottes in sich
haben, sonst könnte ein Zusammenhang
nie zustande kommen. Diese Entsprechung
ist, *psychologisch formuliert*, der *Archetypus des
Gottesbildes*.«

Manchmal meine ich zu spüren, dass ich gleichsam Gott
in mir trage. Dass er wirklich anwesend ist in mir. Das
aber – glaube ich – kann ich nur dann so erfahren, wenn
ich in Berührung bin mit meiner Seele. Dieses Gefühl,
diese innere Gewissheit: Gott ist in mir, ich trage gleichsam Gott in mir, kann mir durch nichts anderes vermittelt werden als durch meine Seele.

Wissen allein genügt da nicht. Gefühle allein reichen
hier nicht aus. Es muss die Seele sein, die sich hier regt
und die mir diese Gewissheit vermittelt. Ist das nicht einzigartig, in der Seele am Göttlichen teilhaben zu können, jetzt schon etwas von dem erfahren zu dürfen, was
uns endgültig nach unserem Tode ganz zuteil sein wird?

Gott offenbart sich in der Seele

ANSELM GRÜN: Für den heiligen Augustinus entschied sich, ob die Menschwerdung wahrhaft gelungen ist, damit, dass der Mensch mit seiner Seele in Berührung und dort offen für Gott ist. Wenn der Mensch die Beziehung zu seiner Seele verliert, dann wird er seinem wahren Wesen entfremdet. Jesus mahnt seine Zuhörer, mit ihrer Seele in Berührung zu kommen: »Bemüht euch mit allen Kräften, durch die enge Tür zu gelangen; denn viele, sage ich euch, werden versuchen hineinzukommen, aber es wird ihnen nicht gelingen. Wenn der Herr des Hauses aufsteht und die Tür verschließt, dann steht ihr draußen, klopft an die Tür und ruft: Herr, mach uns auf! Er aber wird euch antworten: Ich weiß nicht, woher ihr seid« (Lk 13,24f.). Wer lange genug ohne Beziehung zu seiner Seele lebt, der findet keinen Zugang mehr zu sich und seinem inneren Haus. Er hat an sich und an den Menschen vorbeigelebt. Jesus mahnt uns daher, in uns selbst zu wohnen. Sonst fühlen wir uns irgendwann ausgeschlossen vom Haus unserer Seele.

Nur wenn Gott in unserer Seele wohnt, kommen wir wahrhaft zu uns selbst. Die griechischen Mystiker sprachen von der Gottesgeburt in der menschlichen Seele. Jede menschliche Seele soll gleichsam Mutter Christi werden. Auch das ist ein Bild für gelingende Selbstwerdung. Wenn Gott in unserer Seele geboren wird, dann kommen wir in Berührung mit unserem wahren Wesen, mit dem unverfälschten Bild, das Gott sich von uns gemacht hat. Und wir erfahren mit der Geburt Gottes in uns die Frische und erneuernde Kraft, die uns von Gott zukommt.

WUNIBALD MÜLLER: In den Momenten, in denen ich Gottes Anwesenheit in mir spüre, kann ich alles auf meine Seele setzen. Was mich sonst beschäftigen oder ängstigen mag – es ist nicht verschwunden. Doch ich spüre zugleich die innere Gewissheit, dass es in mir die Seele gibt und ich über die Seele mit Gott in Kontakt bin, Gottes Anwesenheit in mir erfahre. Das hilft mir, meiner Seele die Führung zu überlassen – darauf zu vertrauen und davon überzeugt zu sein, dass sie stärker ist als all das, was mich im Moment beschäftigt.

Das schließt für mich nicht aus, dass sich meine Seele in dem, was mich beschäftigt, was mich berührt, was mich ängstigt und mich vielleicht traurig sein lässt, meldet, dass sie auch darin zum Ausdruck kommt. Doch unabhängig davon erfahre ich meine Seele als eine Kraft, die stärker ist als all das. Und es liegt an mir, ihr einfach alles zu überlassen, völlig auf sie zu setzen. Auch weil ich in ihr und über sie Gottes Anwesenheit in mir verspüren darf, weil ich letztlich damit auf ihn setze, mich und mein Leben ihm, seiner Führung überlasse.

ANSELM GRÜN: Die Seele spricht im Neuen Testament vom Gottesbezug des Menschen. Diese innere Beziehung des Menschen zu Gott ist wichtiger als äußeres Leben. Sie kann auch durch menschliche Verletzungen nicht zerstört werden. Das meint Jesus wohl auch, wenn er den Jüngern, die er in die Welt sendet, zuspricht: »Fürchtet euch nicht vor denen, die den Leib töten, die Seele aber nicht töten können, sondern fürchtet euch vor dem, der Seele und Leib ins Verderben der Hölle stürzen kann« (Mt 10,28). Menschen können unseren Leib verletzen. Damit ist auch unsere Psyche im psychologischen Sinn gemeint. Menschen verletzen mich psychisch, wenn sie mich mit Worten kritisieren, klein machen, mich der Lächerlichkeit preisgeben oder meine empfindliche Stelle treffen.

Doch vor diesen äußeren Verletzungen, die nur bis in den emotionalen Bereich hineinreichen, brauche ich keine Angst zu haben. Vielmehr ist es Gott, den ich fürchten und ernst nehmen sollte. Denn nur er vermag die Seele in die Hölle zu stürzen. Die Gottesfurcht soll mich von der Menschenfurcht befreien. Die Gottesfurcht bringt mich in Berührung mit meiner Seele. Und dort in meiner Seele, in dem innersten Bereich meines Selbst, haben die Menschen keinen Zutritt. Dort können die verletzenden

Worte nicht eindringen. Dort vermag niemand mich zu kränken. Die Seele (psyche) als das eigentliche Selbst, als das Innere des Menschen, als der wahre Personkern, gilt es zu retten.

WUNIBALD MÜLLER: Ich glaube, meine Seele sorgt dafür, dass der äußere Kontakt zu einem Größeren, zu Gott, zu einem inneren Geschehen wird. Dabei erahne und erfahre ich die Verbindung mit dem Göttlichen. Es ist daher immer wieder wichtig, in Berührung mit meiner Seele zu sein. Sie als Fundament zu erleben, das mir Sicherheit und Halt schenkt. Mir fallen jene so bedeutungsschweren Worte C. G. Jungs ein:

> »Zu wenige haben es erfahren, dass die göttliche Gestalt innerstes Eigentum der eigenen Seele ist. Ein Christus ist ihnen nur außen begegnet, aber nie aus der eigenen Seele entgegengetreten. (…) Solange die Religion nur Glaube und äußere Form und die religiöse Funktion nicht eine Erfahrung der eigenen Seele ist, so ist nichts Gründliches geschehen. Es muss noch verstanden werden, dass das ›mysterium magnum‹ nicht nur an sich vorhanden ist, sondern auch vornehmlich in der menschlichen Seele begründet ist.«

Beides ist daher wichtig: Die Ausrichtung und Verankerung außerhalb von mir, zum Beispiel in Beziehungen,
und die Ausrichtung und Verankerung in etwas Größerem. Beides erweist sich als Stütze in der Bewältigung des
Lebens, bei der Erfahrung von Depression oder Angst.
Uns wird Halt und ein Gefühl von Verbundenheit vermittelt.

Ich habe daher einen großen Vorbehalt gegenüber gewissen geistlichen Führern und Gurus, die, weil von ihnen angenommen wird, dass sie dem Göttlichen, Heiligen
und Geheimnisvollen besonders nahe sind, als Ersatz für
die nicht stattgefundene Verankerung in dem Geheimnisvollen, in Gott, herhalten müssen und, wenn sie nicht
höllisch aufpassen, letztlich diese Kontaktaufnahme verhindern, indem sie sich selbst als Verankerungspunkt für
das Größere, Gott, anbieten. Statt Kanalisator für die göttliche Energie zu sein, staut sich die göttliche Energie bei
ihnen auf oder an. Die von den Göttern, von Gott kommende Energie, die uns nähren soll, muss immer wieder
zurückfließen zu ihrem Ursprung, um so den göttlichen
Kreislauf aufrechtzuerhalten, der für die Erfahrung der
Verbundenheit mit dem Geheimnisvollen sorgt. Bleibt sie
beim Guru »hängen«, bläht sie ihn auf. Der Gläubige ent-
geht dadurch zwar der eigenen Ich-Aufblähung. Zugleich
wird aber auch der göttliche Kreislauf unterbrochen und
damit auch die Verbindung mit dem Göttlichen.

ANSELM GRÜN: Meine Erfahrung ist, dass viele Menschen ihrer Seele dadurch ausweichen, dass sie sich an einen Guru binden. Anstatt sich von der eigenen Seele einladen zu lassen, sich auf das Grenzenlose, auf das Geheimnisvolle um sie herum zu beziehen, schließen sie sich lieber an einen Guru an. Der Guru wird für sie zum Ersatz für die Beziehung zum Grenzenlosen. Sie erhoffen sich, an der Weisheit des Guru teilzuhaben.

Irwin Yalom meint, viele würden ihrer Todesangst dadurch ausweichen, dass sie sich an einen Guru binden. Indem sie in seiner Nähe sind, erhoffen sie, teilzuhaben an seiner Kraft. Das enthebt sie der Aufgabe, sich der eigenen Todesangst zu stellen. Und Yalom nennt noch eine andere Methode, der Angst vor dem Tod auszuweichen: Man fühlt sich als etwas Besonderes. Man stellt sich über die anderen.

Wenn ich mit meiner Seele in Berührung bin, habe ich das Gefühl, dass ich einmalig bin und einzigartig. Jeder Mensch ist ein einmaliges Wort, das Gott nur in diesem Menschen ausspricht. Aber einmalig und einzigartig zu sein ist etwas anderes, als sich als etwas Besonderes zu fühlen und auf die andern herabzuschauen. Ich fühle mich als etwas Besonderes, indem ich mich absondere von den andern und mich über sie stelle. Das ist eine Flucht vor der eigenen Seele. Ich blähe mich auf, weil ich nicht bereit bin, auf die eigene Seele zu hören.

Die Seele als Zuhause des Gebetes

WUNIBALD MÜLLER: »Die Seele hat dort ihr Zuhause, wo gebetet wird. Das Gebet ist die Wohnung der Seele«, sagt Abraham Heschel.

> »Im Beten, besonders im Beten des *Vaterunser*,
> findet meine Seele ein Zuhause. Im Beten
> findet meine obdachlose, verängstigte,
> heimatlose Seele den Ort, wo sie Schutz,
> Ruhe, Geborgenheit erfahren darf. Im Beten,
> das mich aufrichtet hin zu dir, meinem Gott,
> dir die Ehre gibt, werde ich angeschlossen
> an dich, wird das Zuhause meiner Seele zu
> deinem Zuhause, nimmst du Wohnung
> bei mir. Im Beten betrete ich das Haus als
> Bittsteller und Fremder und kehre von dort
> zurück als Zeuge und naher Verwandter.«

Ohne Gebet ist meine Seele ohne ein Zuhause, dann verliert sie die Kontinuität, Beständigkeit, Intimität, Ernsthaftigkeit. Das englische Wort für Beständigkeit »permanent« wird im Wörterbuch erklärt mit »Kinder brauchen Stabilität und Halt«. So vermittelt mein Beten meiner Seele und mir Stabilität und Halt. Dies wird begründet

120

in Gott, der mein letzter Halt ist, in dem meine Seele, in dem ich verankert bin.

ANSELM GRÜN: Die Seele ist philosophisch die Form des Körpers, die Form, die den Körper gestaltet. Wenn wir eine Frau die Seele des Hauses nennen, dann meinen wir auch, dass sie das ganze Haus innerlich zusammenhält. Sie erzeugt eine Stimmung, die das ganze Haus prägt. Sie ist dafür verantwortlich, dass alle, die das Haus betreten und dort verweilen, sich wohlfühlen. Sie prägt den Geist des Hauses.

Für Jesus ist das Gebet der Weg, mit unserer Seele in Berührung zu kommen und sie zu stärken gegenüber den Kräften und Mächten dieser Welt. Jesus spricht vom unablässigen Gebet. Wer im Gebet ist, der ist auch mit seiner Seele in Kontakt. Der spirituelle Weg ist der Weg der Seele. Für Augustinus heißt beten, mit der Sehnsucht der Seele in Berührung kommen. Wenn ich bete, spüre ich, dass ich mich nicht verliere im äußeren Tun, in Erfolg und Misserfolg, in gelungenen und misslingenden Beziehungen. In mir ist eine andere Welt, die göttliche Welt, in der meine Seele zu Hause ist. Dort kann ich wohnen, auch wenn mir hier Menschen mein Wohnrecht streitig machen. Dort kann ich leben, auch wenn mich hier Feinde bedrängen. Dort blüht meine Seele auf. Und niemand kann sie beschneiden und beschränken. Jesus hat ein schönes

Gleichnis erzählt, in dem er von der Beziehung von Gebet und Seele erzählt. Es ist das Gleichnis vom gottlosen Richter und der Witwe im Evangelium nach Lukas (18,1–8).

»In einer Stadt lebte ein Richter, der Gott nicht fürchtete und auf keinen Menschen Rücksicht nahm. In der gleichen Stadt lebte auch eine Witwe, die immer wieder zu ihm kam und sagte: Verschaff mir Recht gegen meinen Feind! Lange wollte er nichts davon wissen. Dann aber sagte er sich: Ich fürchte zwar Gott nicht und nehme auch auf keinen Menschen Rücksicht; trotzdem will ich dieser Witwe zu ihrem Recht verhelfen, denn sie lässt mich nicht in Ruhe. Sonst kommt sie am Ende noch und schlägt mich ins Gesicht. Und der Herr fügte hinzu: Bedenkt, was der ungerechte Richter sagt. Sollte Gott seinen Auserwählten, die Tag und Nacht zu ihm schreien, nicht zu ihrem Recht verhelfen, sondern zögern? Ich sage euch: Er wird ihnen unverzüglich ihr Recht verschaffen.«

Man kann dieses Gleichnis auf verschiedene Weise auslegen. Man kann die Frau als Bild für die angefochtene christliche Gemeinde am Ende des 1. Jahrhunderts sehen oder als Typ für einen Menschen, der keinen »animus« hat, der sich nicht wehren kann, der den Angriffen der Feinde schutzlos ausgesetzt ist und keine Instanz hat, an die er sich wenden kann. Die Witwe kann aber auch ein Bild für die Seele sein. Wie man die Personen in der Traumdeutung als Teile des eigenen Selbst sieht, so könnten die Witwe, der Feind und der Richter Anteile unserer Psyche sein. Die Witwe steht dann für die Seele. Die Seele, das sind die inneren Impulse, das ist das Gespür, dass wir einen göttlichen Glanz haben, dass wir eine einmalige Berufung und Sendung haben, dass wir etwas Besonderes sind. Die Seele umfasst die tiefsten Gefühle, zu denen wir fähig sind, in denen sich unsere Einmaligkeit ausdrückt. Die Seele – so sagt uns das Gleichnis – wird vom Feind bedrängt. Der Feind, das können die Lebensmuster sein, entsprechend derer wir immer wieder handeln, die uns daran hindern, aus unserer Seele heraus zu leben. Das können unsere Fehler und Schwächen sein, die uns niederdrücken. Das können auch Menschen sein, die uns verzwecken und benutzen möchten, die uns ihre Bilder übergestülpt haben und uns in ein Korsett zwängen, das zu eng für uns ist, in ein Prokrustesbett, in dem wir zugrunde gehen. Das kann sein die Stadt, in der wir leben, unsere Alltagswirklichkeit, die Welt unserer Arbeit, unserer Beziehungen, das kann unsere Familie und unser Freundeskreis sein. Neben dem Feind gibt es da noch einen Richter. Der Richter sagt von sich: »Ich fürchte Gott nicht und nehme auch auf keinen Menschen Rücksicht« (Lk 18,4). Der Richter steht für das eigene Über-Ich, in dem sich die Stimmen der Eltern verinnerlicht haben. Es gibt selbstverständlich auch positive Stimmen der Eltern, die mir den Weg weisen möchten, damit mein Leben gelingt. Hier jedoch geht es um ein strenges Über-Ich, das kein Interesse hat, dass es uns gut geht. Es ist willkürlich und grausam. Es möchte uns quälen und erniedrigen. Es interessiert sich absolut nicht für unser Wohl. Es ist menschenverachtend. Das Über-Ich fürchtet auch Gott nicht. Es macht sich selbst zum Götzen, zur obersten Instanz. Doch diese Instanz ist unbarmherzig. Es geht ihr nur um das eigene Überleben, aber nicht um das Wohl der Seele. Das Über-Ich nimmt keine Rücksicht auf die Bedürfnisse der Seele. Es hat keinen Respekt vor unserer Würde. Es ist seelenlos und seelentötend. Dieser innere Richter spricht zu der Seele in uns: »Bilde dir nicht ein, dass du einen besonderen Wert hast. Lasse deine hochfahrenden Träume vom Leben. Passe dich einfach an. Gib dich zufrieden mit dem, was ist. Mehr gibt es nicht. Schlag dir deine Flausen aus dem Kopf. Das Leben ist halt einfach so. Mehr gibt es nicht. Du bist nichts. Du kannst nichts. Dein Leben wird nie gelingen. So ist es nun einmal. Damit musst du dich abfinden. Frage nicht nach dem Sinn deines Lebens. Es gibt ihn nicht.«

Nach außen hin hat die Witwe keine Chance. Sie hat keine Lobby, die für sie eintritt. Sie ist schutzlos dem Feind ausgesetzt. Sie kämpft zwar für sich und ihr Recht auf Leben. Aber der Richter kümmert sich nicht um das Recht. Er agiert völlig willkürlich. Doch die Witwe gibt nicht auf. Und das Unerwartete geschieht: Die schwache Witwe bewegt den Richter, ihr Recht zu verschaffen, weil er, der starke Mann, Angst hat, dass die Witwe in ihrer Hartnäckigkeit kommen und ihm ins Gesicht schlagen könnte. Im Griechischen heißt es hier: Er hat Angst, dass die Witwe ihm das Auge blau schlagen würde. Mit einem blau geschlagenen Auge herumzulaufen, das wäre dem Richter peinlich. Daher gibt er der Witwe nach. Jesus sagt mit diesem Gleichnis, dass das Gebet der Weg sei, der Seele Recht zu verschaffen gegenüber dem Feind und den gottlosen Richter zu entmachten. Im Gebet kommen wir in Berührung mit unserer Seele. Da bekommen die inneren Ahnungen der Seele Recht. Da richtet sich unsere Seele auf. Wir spüren, dass wir etwas Einmaliges und Einzigartiges sind, dass wir göttlich sind, Anteil haben an der göttlichen Natur, dass wir einen weiten Horizont haben, einen göttlichen Glanz, den uns niemand nehmen kann. Die Seele lehrt uns, dass in unserem Inneren ein unermesslicher Reichtum an Möglichkeiten steckt.

Im Schweigen mit der Seele in Berührung kommen

WUNIBALD MÜLLER: Auch im Schweigen können wir mit unserer Seele in Berührung kommen. »Gottes eine und einzige Stimme ist das Schweigen«, sagt Melville.

In einem der schönsten Texte von Thomas Merton – er beschreibt darin die Erfahrungen seiner Feuerwache in der Nacht des 4. Juli 1952 – heißt es an einer Stelle, als er den Raum der Novizen betritt:

> »Von allen Seiten bin ich von Fragen umdrängt, die ich nicht beantworten kann, weil die Zeit zum Antworten noch nicht gekommen ist. Zwischen dem Schweigen Gottes und dem Schweigen meiner eigenen Seele steht das Schweigen der mir anvertrauten Seelen. Versenkt in dieses dreifache Schweigen begreife ich, dass die Fragen, die ich mir ihretwegen stelle, vielleicht nicht mehr sind als eine Mutmaßung. Und der dringendste und zweckmäßigste Verzicht ist vielleicht der Verzicht auf alle Fragen.«

Thomas Merton sagt an dieser Stelle etwas ganz Wesentliches über die Seele: Die Seele offenbart sich mir im Schweigen. Erst im Schweigen erhalte ich die tiefste Ahnung und Anmutung von dem, was Seele meint.

Im Schweigen, wenn alles um mich herum und in mir schweigt, geschieht eine Läuterung in mir, bei der das weggeräumt wird, was sich über die Seele gelegt hat. Jetzt spüre ich meine Seele. Es gibt fast nur noch sie. Im Spüren meiner Seele erfahre ich mich in meiner Tiefe. Es ist mir, als bestünde ich nur noch aus der Seele. Kennst du solche Erfahrungen? Für dich ist Schweigen Teil deines Lebens als Mönch, und du praktizierst es viel öfter als ich.

ANSELM GRÜN: Ja, für mich ist das Schweigen ein wichtiger Ort, um mit meiner Seele in Berührung zu kommen. Ich bin froh, dass die ersten drei Stunden des Tages Schweigen sind. Allerdings ist es kein reines Schweigen. Wir beten die Psalmen, ich meditiere in meiner Zelle vor einer Christusikone, und wir feiern Eucharistie. Und nach dem Frühstück lese ich in aller Stille. Die ersten drei Stunden rede ich nicht mit andern. Diese drei Stunden sind für mich wie eine Quelle, aus der ich schöpfen kann. Sie tun meiner Seele gut. Und wenn ich nach Vorträgen nachts mit dem Auto heimfahre, höre ich zwar am Anfang den Verkehrsbericht, damit ich die richtige Route wähle. Aber dann genieße ich, schweigend durch die Nacht zu fahren. Im Schweigen kommen mir auch viele Ideen, die mein Denken und Schreiben befruchten. Ich denke da nicht angestrengt nach, sondern überlasse mich einfach der Stille. Dann tauchen von alleine Gedanken auf, denen ich dann nachgehe. In der Stille habe ich den Eindruck, dass ich frei bin, dass niemand Zutritt zu mir hat, dass ich einen heiligen Raum und eine heilige Zeit habe, die allein mir und Gott gehört, in der meine Seele aufatmet.

Mir gefällt der Ausdruck, der von Kierkegaard stammt: »Bade deine Seele im Schweigen!« Das Schweigen ist wie ein Bad für die Seele. Da wird sie gleichsam gereinigt von all dem, was sie immer wieder zu beschmutzen droht, von den negativen Emotionen, die von außen auf sie einstürmen, von der »Staubschicht«, die sich auf sie gelegt hat durch die täglichen Sorgen und Probleme. Meine Seele braucht immer wieder dieses Bad im Schweigen, um innerlich gereinigt und erfrischt zu werden.

WUNIBALD MÜLLER: Wenn ich das auf mich wirken lasse, wenn wir so über die Seele sprechen, vor allem aber, wenn ich mir den Luxus gestatte und schweige, mache ich Erfahrungen, bei denen ganz tief in mir eine Seite berührt und befriedigt wird. Da erlebe ich meine Tiefe, erfahre ich eine Zufriedenheit, spüre ich Gelassenheit. Es sind Augenblicke, in denen ich wunschlos glücklich bin, in denen ich nichts mehr brauche. Es einfach gut ist, so wie es ist.

Die Seele ist für mich auch das Licht, das mein Bewusstsein ausmacht und mein Unbewusstes erleuchtet. Ich erlebe manchmal meine Seele wie ein Licht in mir, das brennt, das leuchtet, das mich erwärmt. Dann wieder gibt es Momente, in denen ich den Eindruck habe, dieses Licht in mir brennt nur ganz schwach oder ist dabei auszugehen. Dann ist es für mich wichtig, dem Licht mehr Aufmerksamkeit zu schenken, offen dafür zu sein, dass das Licht in mir, meine Seele, brennt, leuchtet. Mir aufleuchtet, für mich brennt und, indem es mir leuchtet, mich erleuchtet zum Beispiel bei wichtigen Entscheidungen. Oder durch mich leuchtet in der Art und Weise, wie ich da bin, wie ich präsent bin, wie ich andern begegne, was ich ausstrahle.

Dabei spüre ich, dass dieses Licht in mir ein Licht ist, das zwar immer brennt und immer leuchtet, aber durch vieles, das mich beschäftigt, wenn ich umtriebig bin, in den Hintergrund gerät, zugedeckt wird von augenblicklichen Dingen, dem, was mich im Moment vereinnahmt. So lange, bis ich mich wieder auf dieses Licht in mir konzentriere, mit ihm in Berührung komme und von diesem Licht her lebe, in den Tag gehe, denke, entscheide.

ANSELM GRÜN: Evagrius Ponticus, der Psychologe unter den frühen Mönchsvätern, schreibt davon, dass der Mönch, der die apatheia erlangt hat, der frei geworden ist vom pathologischen Verhaftetsein an seine pathe, an seine Leidenschaften, sein inneres Licht schaut. Dieses Bild, dass jemand seinen inneren Kern als Licht erfährt, als einen hell leuchtenden Saphir, taucht in der Mystik der frühen Mönche immer wieder auf. Wer sein inneres Licht schaut, dessen Seele ist ganz und gar von Gott durchdrungen. Es ist letztlich Gottes Licht, das ihn erleuchtet.

Wenn wir unsere Seele als Licht erkennen, dann geht es letztlich immer darum, dass unsere Seele von Gott erleuchtet ist. Und so mag sie für uns Leuchte sein auf unserem Weg. Sie bringt Klarheit in unser Leben. Joseph von Eichendorff sagte einmal von einem Menschen: »Die ganze klare Seele lag in dem Blick.« Er sah in den klaren Augen die klare Seele, die durch die Augen hindurchstrahlte. Ob wir in unserer Seele klar sind, zeigt sich an den Augen.

So hat es auch Jesus schon gesehen, wenn er sagt: »Dein Auge gibt dem Körper Licht. Wenn dein Auge gesund (*haplous* meint eigentlich: einfach, ohne Nebenabsichten, d. Verf.) ist, dann wird auch dein ganzer Körper hell sein. Wenn es aber krank ist, dann wird dein Körper finster sein. Achte also darauf, dass in dir statt Licht nicht Finsternis ist« (Lk 11,34f.). Es gibt Menschen, die einen so klaren Blick haben, dass uns ihre klare Seele aufscheint. Sie tun uns gut.

Auch in manchen Kunstwerken erkennen wir diese Klarheit der Seele. Als ich in Colmar ein Marienbild von Martin Schongauer anschaute, da spürte ich die Klarheit im Antlitz Mariens. Oder wenn ich die Bilder von Fra Angelico betrachte, begegne ich der Zartheit, Durchlässigkeit, Reinheit, die offensichtlich im Künstler selbst lag. Sonst hätte er solche Bilder nicht malen können. In den Bildern sehe ich nicht nur die reine Seele des Künstlers, sondern eine innere Klarheit, die die einzelne Seele übersteigt. Im Schauen eines solchen Bildes komme ich in Berührung mit meiner eigenen Seele, mit dem Lauteren und Reinen, das auch in meiner Seele liegt, oft verborgen unter allerlei Schutt, der sich darauf abgelagert hat. Das Schauen eines Kunstwerkes lässt mich durch die Schuttschicht hindurchschauen auf den lauteren Grund meiner Seele.

Es ist der Grund, in dem Gott selbst in mir wohnt. Wenn ich mit dieser klaren und lauteren Seele in mir in Berührung bin, dann werde ich auch nach außen hin durchlässig für Gott. Ich verstelle Gott nicht mehr mit meinen eigenen Nebenabsichten. Meine Seele scheint durch mich hindurch. Danach sehne ich mich, dass meine Seele immer mehr durchscheint und so zum Licht wird, das die Welt um mich herum etwas heller werden lässt.

WUNIBALD MÜLLER: So kann ich Gottes Anwesenheit in mir erfahren als inneres Licht, das mich zu meinem wahren Selbst erweckt und mich verwandelt.

Wenn ich am Samstagabend beim Abendgebet der Schwestern vom Casteller Ring auf dem Schwanberg in den Gesang »Du Licht vom Lichte …« einstimme, und an die Stelle komme: »Wir sehnen uns nach deinem Tag, an dem im Licht du uns erscheinst«, da kann es geschehen, dass ich meine Seele ganz intensiv spüre, Gott meine Seele anrührt und meine Sehnsucht nach Gott mich fast überwältigt. Ein heiliger Schauer ergreift mich. Ich spüre die Nähe des heiligen Gottes, von dem es im Lied heißt: »… vor jedem Anbeginn bist du geboren, Gott, unsagbar groß.« Ich spüre in diesem Moment, wie letztlich unerklärbar, unfassbar, alles Denken und Analysieren sprengend der ist, der von sich sagt: »Ich bin der, der ich bin da.« Der, den ich in diesem Augenblick in der Tiefe meiner Seele als gegenwärtig erfahren darf, als Licht, das in mir leuchtet und mich erleuchtet. Und, so hoffe ich, durch mich auch nach außen leuchtet.

Ich erlebe es immer als eine große Bereicherung, wenn ich Menschen treffe, bei denen ich den Eindruck habe, dass sie aus der erfahrenen Nähe Gottes heraus leben. Von ihnen geht eine Kraft, eine Aura, eine Energie, ein Licht aus, das ihrer Seele entspringt.

TEIL IV

Jeder hat nur ein Leben

ANSELM GRÜN: Jeder Mensch ist ein Gedanke Gottes. Gott macht sich von jedem Menschen ein Bild, das nur für diesen Menschen gilt. Der Mensch beginnt nicht erst mit der Zeugung durch Mann und Frau, sondern er nimmt seinen Beginn in Gott selbst. Die Seele drückt also etwas von der Gottunmittelbarkeit des Menschen aus und von seiner Einzigartigkeit.

WUNIBALD MÜLLER: In der Seele bin ich am meisten ich, kommt meine Einzigartigkeit in unübertrefflicher Weise zum Ausdruck. Die Seele ist das Allerpersönlichste meiner selbst. In meinem Selbstverständnis, in dem, was mich im Letzten ausmacht, kommt meine Seele zum Ausdruck. Dieses Verständnis wird jedenfalls von meiner Seele entscheidend mitgeprägt. Je mehr in meinem Selbstverständnis meine Seele zum Ausdruck kommt, desto mehr bin ich ich selbst.

So wird die Seele auch immer wieder daran interessiert sein, dass ich durch mich, durch das, wie ich mich in der Welt sehe, durch das, was C. G. Jung als unseren je eigenen Mythos bezeichnet, zum Ausdruck komme. Die Seele wird mich daher auch immer wieder anregen, Korrekturen vorzunehmen, wenn ich mich von meinem

Mythos und dem, der ich sein soll und was ich tun soll, entferne. Das könnte für mich jetzt spirituell gesprochen heißen, immer mehr der zu werden, der zu werden ich berufen und bestimmt bin, also immer mehr zu Gottes Gedanken zu werden.

So bin ich gut beraten, immer wieder auf meine Seele zu lauschen, immer wieder mit meiner Seele in Berührung zu sein, immer wieder meiner Seele innerlich die Erlaubnis zu geben, dass sie die Führung in meinem Leben übernimmt, mein Leben gestaltet, ich mein Leben von meiner Seele her angehe und bestehe. Ich darf mich darauf verlassen, dass ich, wenn ich mein Leben unter ihren Segen stelle, sie mich bei der Bewältigung und Gestaltung meines Lebens stützen und führen wird. Wenn es eng wird, sie mir Mut macht, durch die Enge zu gehen. Wenn ich falle, sie mir wieder aufhilft, um weiterzugehen, meinen Weg zu gehen. Den von meiner Seele mitbestimmten und in einer gewissen Weise vorgegebenen Weg. Dabei wird es nicht ausbleiben, dass ich mich auch auf Irrwege begebe, mich verlaufe, falschen Sternen statt den von meiner Seele vorgegebenen zu folgen. Die Erfahrungen, die ich dabei mache, sie bringen mich wieder näher an das Eigentliche und dabei auch näher an meine Seele.

ANSELM GRÜN: Was du beschreibst, entspricht der Vorstellung der stoischen Philosophie vom einzigartigen Selbst des Menschen. Für die stoische Philosophie bezeichnet »autos«, das Selbst, das innere Heiligtum des Menschen, den inneren Bereich, den wir mit Seele beschreiben. Dieser innere Kern will uns dazu führen, authentisch zu sein, ganz wir selbst zu sein, in Übereinstimmung zu kommen mit unserem innersten Wesen. Der Mensch soll durch die Selbsterkenntnis den geheiligten Bezirk seines wahren Ich betreten. Dort kann ihn niemand verletzen. Dort ist er in Übereinstimmung mit sich selbst und zugleich mit Gott. Für die stoische Philosophie besteht das Ziel des Menschen darin, in Übereinstimmung mit der Natur und letztlich mit Gott zu gelangen. Der Zugang zur Seele ist für die Stoa der Weg zur inneren Übereinstimmung mit dem wahren Selbst und darin zugleich mit Gott. Wer den Zugang zu seinem wahren Selbst findet, der ist frei von der Erwartung der Menschen. Er wird auch nicht verletzt durch Verleumdung oder kränkende Worte. Denn diese Worte kommen von außen. Wer in der Seele reich ist – so meint Epiktet und mit ihm Johannes Chrysostomus –, den kann äußere Armut nicht erschrecken. Denn in seiner Seele hat er alles, was er braucht. Da ist er eins mit sich selbst und mit Gott.

Daher ist der Weg in die eigene Seele, zum wahren

Selbst, immer auch ein Weg in die Freiheit und zugleich in die Dankbarkeit. Denn dort in der Seele entdecke ich, was mir Gott alles geschenkt hat. So soll der Mensch Gott für alles danken, was er ihm gewährt, für die Schönheit der Schöpfung, für die Werkzeuge, die ihm Gott zur Verfügung stellt, für sein Gesicht und sein Gehör, vor allem aber für die Wohltaten der Seele.

WUNIBALD MÜLLER: Wenn jemand sagt, ich habe meine Seele verloren, kann das heißen, dass er seine Authentizität verloren hat. Thomas Merton, von dem wir hier schon mehrmals gesprochen haben, sagt sinngemäß: Heiligkeit bedeutet, der zu werden, der zu werden du berufen und bestimmt bist. Wer nicht er selbst wird, hat nicht gelebt.

Marc Aurel, ein Philosoph auf dem Kaiserstuhl, erweist sich ebenfalls als ein Kenner der Seele, wenn er schreibt:

> »Vergeh dich ruhig, vergeh dich an dir selbst
> und tu dir Gewalt an, meine Seele; doch
> später wirst du nicht mehr Zeit haben, dich
> zu achten und zu respektieren. Denn *ein Leben*
> nur, ein einziges, hat jeder. Es aber ist für
> dich fast abgelaufen, und du hast in ihm keine
> Rücksicht auf dich selbst genommen, sondern

hast getan, als ginge es bei deinem Glück
um die anderen Seelen. (…) Diejenigen aber,
die die Regungen der eigenen Seele nicht
aufmerksam verfolgen, sind zwangsläufig
unglücklich.«

ANSELM GRÜN: Ich muss da an die Worte Jesu im
Markus-Evangelium denken: »Wer seine Seele retten
will, wird sie verlieren; wer aber seine Seele um meinetwillen und um des Evangeliums willen verliert, wird sie
retten. Was nützt es einem Menschen, wenn er die ganze
Welt gewinnt, dabei aber seine Seele einbüßt? Um wel-
chen Preis könnte ein Mensch seine Seele zurückkau-
fen?« (Mk 8,35–37)

Man könnte diese Worte auch so verstehen: Wer seine
Innerlichkeit besitzen will, wer sein Herz für sich behal-
ten will, wird es verlieren. Die Seele, das Herz, das innere Gespür für das Eigentliche, lässt sich nicht besitzen
und festhalten. Wenn wir Christus nachfolgen und wenn
wir uns dem Evangelium öffnen, dann kommen wir in
Berührung mit unserer Seele. Die Seele ist die kostbare
Perle, um deretwillen wir alles verkaufen sollen. Doch die
Seele selbst kann man nicht kaufen. Wenn die Welt zu
wichtig wird, verlieren wir unsere Seele daran. Und dann
ist es zu spät, sie zurückzukaufen. Nur wer alles loslässt,
kommt mit seiner Seele in Berührung. Und in der Seele

ist der wahre Reichtum, der uns für immer Ruhe verschafft. In der Seele sind die kostbare Perle und der Schatz im Acker, Bilder für das wahre Selbst, für das einmalige Bild, das sich Gott von jedem von uns gemacht hat.

Die Seele setzt unsere Bestimmung um

WUNIBALD MÜLLER: Seele kann verstanden werden als Ganzheit einer Person, geschaffen im Angesicht Gottes. Für Augustinus ist die Selbsterkenntnis der erste Schritt hin zur Kenntnis der Seele von Gott. Nach Henri Nouwen kann ich Gott nicht erkennen, solange ich mich selbst nicht erkannt habe. »Wir sind am meisten wir selbst, wenn wir Gott am ähnlichsten sind«, meint er.

Jeder von uns muss seinen eigenen Mythos, seine eigene Bestimmung, Romano Guardini würde sagen, sein eigenes Passwort, finden. In der Umsetzung unserer Bestimmung im konkreten Leben soll unsere Seele zum Ausdruck kommen. Je mehr das, was wir tun, wie wir unser Leben verstehen, mit unserer Seele übereinstimmt, umso zufriedener sind wir. Umso mehr gelingt uns, in Anlehnung an den Begriff Selbstverwirklichung, unsere Seelenverwirklichung.

Es ist letztlich die Seele, die verlangt, in unserem Leben zum Ausdruck zu kommen. Sie wird nicht müde, uns immer wieder darauf hinzuweisen, was es zu tun gilt, damit sie zum Ausdruck kommt. Sie wird sich auch nicht davon abhalten lassen, wenn wir dem nicht gerecht werden, und uns immer wieder daran erinnern, was sie will und was so gesehen letztlich auch unser Tiefstes will. Das kann so weit gehen, dass sie uns das Bein stellt, dass sie uns zu einer komischen Figur werden lässt, dass sie uns in die tiefste Krise geraten lässt, damit wir aufwachen, umkehren, bis wir wieder jene Spur verfolgen, die uns wieder näher an das heranbringt, was der Seele entspricht, was die Seele will.

So sind wir gut beraten, immer wieder mit unserer Seele, mit unserem Innersten, in Kontakt zu bleiben, hinzulauschen, was unsere Seele uns sagt, uns von ihr führen zu lassen, darauf zu vertrauen, dass sie uns dahin führen möchte, wohin unser Tiefstes selbst, wohin wir, in dem, was uns im Tiefsten ausmacht, hinkommen möchten, aber auch hinkommen sollen. Das gilt vor allem dann, wenn die Seele uns dort haben möchte, wogegen sich unser bewusstes Ich sträubt, oder wenn es bedeutet, einen bisher eingeschlagenen Weg korrigieren zu müssen.

Auf der anderen Seite erlebe ich meine Seele als eine Kraft, die, so sehr sie auch verbunden ist mit unserem Leib und unseren Gefühlen, auch unabhängig davon existieren und wirken kann. So kenne ich Situationen, in denen ich mich vielleicht sehr traurig fühle, in denen ich meine Situation als ausweglos erlebe oder total herausgefordert bin durch eine schwierige Situation, die eine sofortige Entscheidung von mir verlangt. Ich kann diese Situation besser beurteilen, wenn ich mich in diesen

Augenblicken ganz auf meine Seele konzentriere. Ihr in diesem Moment ganz die Führung überlasse. Ich spüre dann, dass es bei allem, was mich bedrängt, was mich vielleicht sogar in eine Panik versetzen könnte, einen Raum, eine Kraft in mir gibt, die darübersteht, die unberührt ist davon. Manchmal ist es dann ein Hin und Her. Da spüre ich diese Kraft, diese Konstante in mir. Dann ist es wieder die Unruhe, die dagegen anstürmt, die mich in Angst versetzt.

ANSELM GRÜN: Mir hilft es, wenn ich am Sonntagnachmittag Zeit für mich habe, einfach nach innen zu horchen. Ich denke dann nicht an die Dinge, die mich während der Woche erwarten, an die Termine, die ich zu erfüllen habe, an die Aufgaben, die gelöst werden wollen. Ich ziehe mich einfach in mich zurück, versuche, in meiner Seele zu wohnen. Das gibt mir Geborgenheit und Halt. Auch wenn dann traurige Gefühle hochkommen, stören sie mich nicht. Sie dürfen sein. Ja, sie führen mich sogar noch tiefer in meine Seele hinein. Aber dort im Grund meiner Seele ist es still. Da bin ich ganz bei mir. Da ist etwas, über das niemand verfügen kann. Da spüre ich die Verbindung mit Gott. Da ist etwas in mir, das mich übersteigt, das größer ist als ich selbst. Das ist die Seele, der Berührungspunkt zwischen Gott und mir, der Raum, den Gott in mir erfüllt. Da spüre ich dann, was der Ausdruck »Seelenruhe« meint. Meine Seele kommt zur Ruhe. Und meine Seele ist der Raum, in dem ich Ruhe erfahre.

WUNIBALD MÜLLER: Wie sehr in bestimmten Momenten die Kraft der Seele die Führung in unserem Leben übernehmen kann, beschreibt der amerikanische Tiefenpsychologe, Robert Moore, sehr anschaulich an folgendem Beispiel:

Ein Mann mittleren Alters berichtet, was bei ihm während eines Verkehrsunfalls ablief. Es ist Winter. Er fährt einen Abhang hinunter. Vor ihm fährt ein Auto, das an einer Ampel, die Rot zeigt, am Ende des Abhangs anhält. Plötzlich, während er abbremst, gerät er auf ein vereistes Stück der Straße. Seine Bremsen blockieren, und sein Auto schießt wie eine Rakete den Hügel hinunter. Ihn überkommt Panik, als er direkt auf die Rückseite des vor ihm stehenden Autos zufährt. Dann passiert etwas sehr Erstaunliches: eine Wende in seinem Bewusstsein. Ganz plötzlich kommt es ihm vor, als würde sich alles in Zeitlupe bewegen. Der Mann fühlt sich ruhig und sicher. Er hat nun »Zeit«, um seine Gedanken zu sortieren, welche Möglichkeiten ihm bleiben. Es ist, als ob ein Computer die Verantwortung übernehmen würde, eine andere Art von Intelligenz innerhalb seiner selbst. Und eine »Stimme« in ihm fordert ihn auf, das Bremspedal zu lockern, einige Male zu pumpen und, so gut es geht, das Auto auf die rechte Seite zu lenken. Auf diese Weise würde er das Auto vor ihm an der Ecke treffen und den Aufprall verkleinern und auf eine sanfte Weise an den Schneebänken auf der Seite der Straße zum Stoppen kommen. Der Mann vollführte das Manöver erfolgreich.

Das »Selbst«, wie es die Tiefenpsychologie begreift, erinnert mich auch an die Seele. So ist die Rede davon, dass das Selbst so etwas wie einen Kern besitzt, der allumfassend ist. Es ist weiter die Rede davon, dass sich von diesem Kern aus eine Entwicklung auf das Ich erstreckt. »Das wird manchmal wie ein Sog erfahren oder wie eine leise Ahnung, dann deutlicher wie die Stimme eines Ratgebers, bejahend, lockend, verneinend, doch niemals zwingend«, sagt Josef Goldbrunner von diesem Prozess. Dieser innere Ratgeber wird durch Erfahrung in kritischen, lebenswichtigen Situationen gerufen: »vorher, um die Mitte der Psyche vom Schlaf zu erwecken«. Und unser Ich ist gut beraten, auf diese innere Stimme zu hören. Josef Goldbrunner meint: »Das Ich wird behutsamer, der ahnungsvollen Stimme von oberhalb gegenüber demutsvoller, mit einem Wort – reifer.«

ANSELM GRÜN: Ich kenne diese Erfahrung, die Robert Moore beschreibt. Manchmal, wenn ich mit meinem Denken und Grübeln keine Lösung finde und wenn ich meine Ohnmacht bekenne, mit dieser Situation zurechtzukommen, dann geschieht es manchmal, dass ich mitten in der Ohnmacht ganz ruhig werde und aus der Tiefe eine Ahnung hochkommt, wie alles zu bestehen ist. In diesem Augenblick übernimmt die Seele das Ruder in mir. Und sie ist wie ein Raum, in dem sich kreative Lösungen finden. Meine Seele weiß die Antwort, während mein Kopf mit seinem Grübeln nicht weiterkommt.

Die Seele als verbindendes Urprinzip

WUNIBALD MÜLLER: In der Psychologie gab und gibt es die Tendenz, den Menschen in viele Einzelteile zu zerlegen, beispielsweise hinsichtlich seiner Empfindungen, Gefühle, Wahrnehmungen, Wünsche, Sehnsüchte und Motivationen usw. Dabei ist mitunter die Seele, die in dem griechischen Wort Psychologie steckt, aus dem Blick geraten. Das aber, finde ich, ist schade. Die Psychologie tut gut daran, sich wieder mehr um die Seele zu kümmern. Sie muss sich fragen lassen, ob sie nicht, wenn sie die Seele vernachlässigt, entthront oder entmythologisiert, das Wertvollste, was sie anzubieten hat, vergibt.

ANSELM GRÜN: Bereits C. G. Jung bekämpft eine Psychologie ohne Seele und wirbt für eine Psychologie mit Seele. Damit meint er eine Psychologie, in der die Seele von einem geistigen Prinzip hergeleitet wird. »Die Seele ist an und für sich ein unräumliches Wesen, und weil sie vor dem körperlichen Dasein und nach ihm ist, so ist sie auch zeitlos und praktisch unsterblich.«

Jung ist sich bewusst, dass diese Auffassung für eine moderne wissenschaftliche Psychologie eine Illusion ist. Aber trotzdem erkennt er als Empiriker, dass die Seele

Zeit und Raum übersteigt. Phänomene wie Telepathie sprechen für diese »Unzeitlichkeit und Unräumlichkeit« der Seele.

WUNIBALD MÜLLER: Auch die Theologen scheinen der Wirkung und den Wirkungen der Seele nicht zu trauen. So schreibt C. G. Jung in seinen Erinnerungen:

> »Wenn es um das innere Erleben geht, um das Allerpersönlichste, dann wird es den meisten Menschen unheimlich, und viele laufen davon. (…) Ich bin mir natürlich bewusst, dass die Theologen in einer schwierigeren Lage sind als andere. Einerseits sind sie dem Religiösen näher, andererseits aber auch enger gebunden durch die Kirche und das Dogma. Das Risiko des inneren Erlebens, das geistige Abenteuer, ist den meisten Menschen fremd. Die Möglichkeit, dass es psychische Wirklichkeit sein könnte, ist Anathema. Es muss ›übernatürlich‹ oder wenigstens ›historisch‹ begründet sein, aber psychisch? Angesichts dieser Frage bricht oft plötzlich eine ebenso ungeahnte wie profunde Verachtung der Seele durch.«

Manchmal hat man den Eindruck, dass bei diesen Vorbehalten gegenüber der Seele Psychologie und Theologie Arm in Arm gehen. Als hätten sie Angst davor, würden sie der Seele die Bedeutung belassen, die ihr zukommt, würden sie sie wirklich als ein Leben schaffendes Prinzip sehen, dass dann alles, was sie sich ausgedacht haben, auf den Kopf gestellt wird.

Vielleicht spüren sie auch, dass von der Seele eine Kraft und eine Macht ausgeht, die letztlich unberechenbar ist. So gibt es meiner Meinung nach einen engen Zusammenhang zwischen dem Heiligen Geist und der Seele. Der Heilige Geist ist nach biblischem Verständnis eine Kraft Gottes, die den Menschen wahrhaft weise macht. Er ist eine Kraft, die vielleicht durch die Seele und ihr Wirken so manches durcheinanderbringt und -wirbelt. Auch manches von dem, was Psychologen und Theologen sich ausgedacht haben. Könnte es sein, dass diese göttliche Kraft in der Seele eine Dynamik besitzt, die sich nicht bremsen und depotenzieren lässt, mag man sich auch noch so sehr darum bemühen?

ANSELM GRÜN: Ich bin überzeugt, dass sich die Seele immer wieder Raum verschafft. Auch wenn sie lange vernachlässigt wird, meldet sie sich zu Wort. Sie meldet sich in einer Therapie zu Wort, wenn sie den Klienten auf eine andere Ebene verweist, die für rein psychologische Methoden unzugänglich ist. Und sie meldet sich in der Theologie zu Wort, wenn auf einmal außer Acht gelassene Themen sich wieder in den Mittelpunkt drängen.

WUNIBALD MÜLLER: Die Menschen spüren, wie seelenlos heute vielfach die Psychologie und Theologie geworden sind. Auch damit ist ihr Interesse am Spirituellen zu erklären. Denn vieles von dem, was heute unter Spiritualität »läuft«, ist nichts anderes als ein Stück moderne Psychologie.

ANSELM GRÜN: Ein Kennzeichen, dass die Theologie die Seele vergessen hat, ist meiner Ansicht nach die Übersetzung der Bibel. Früher hat man »psyche« im Neuen Testament immer mit Seele übersetzt. Aus Angst, dass man da nur an die Seele denkt, die nach dem Tod in den Himmel kommt, hat man in den letzten dreißig Jahren »psyche« fast immer mit Leben übersetzt.

Ich möchte nur ein paar Beispiele herausgreifen und das Wort Seele an der entsprechenden Stelle ergänzen. Bei Markus heißt es: »Wer sein Leben (psyche, seine Seele) retten will, wird es (sie) verlieren. Wer aber sein Leben (seine Seele) um meinetwillen und um des Evangeliums willen verliert, wird es (sie) retten. Was nützt es einem Menschen, wenn er die ganze Welt gewinnt, dabei aber sein Leben (seine Seele) einbüßt?« (Mk 8,35f.).

Psyche ist natürlich der Träger des Lebens. Aber Psyche meint in der Bibel auch den Träger des wahren Selbst. Wer seine Seele retten will, meint dann: wer sein Selbst bewahren will. Wer ungeschoren durchs Leben gehen möchte. Wer nur um sich selbst kreist. Ich muss mich selbst, meine Seele, an das Evangelium, an Jesus Christus verlieren, das heißt: Ich muss mich ganz und gar auf das Evangelium einlassen. Dann werde ich meine Seele gewinnen. Dann werde ich in Berührung kommen mit dem inneren Menschen, mit dem wahren Selbst. Im letzten Satz wird es noch deutlicher. Wenn wir da »psyche« mit Leben übersetzen, wird der Satz platt. Wer die ganze Welt gewinnt, der verliert oft den Kontakt zu seiner Seele. C. G. Jung meint, Reichtum würde die Maske verstärken, die der Mensch sich aufsetzt. Das kann dazu führen, dass er nicht mehr in Beziehung zu seiner Seele ist. Man erreicht das Herz eines solchen Menschen nicht mehr.

Ein anderes Beispiel. Jesus schließt seine Rede von den Bedrängnissen, die wir als Christen in dieser Welt erfahren, mit dem Satz: »Wenn ihr standhaft bleibt, werdet ihr das Leben gewinnen« (Lk 21,19). Wörtlich heißt es jedoch: »In eurer Geduld werdet ihr eure Seelen gewinnen.« Im Lateinischen heißt es: »In patientia vestra possidebitis animas vestras.« Das hat eine andere Bedeutung. Wenn wir in der Verfolgung und Anklage standhalten, wenn wir bei uns bleiben, dann bekommen wir Zugang zu unserer Seele. Die äußere Bedrängnis zerbricht unsere Sicherheit, unser Ansehen. Aber sie kann uns nach innen führen. Ähnliches meint Paulus, wenn er sagt: »Wenn auch unser äußerer Mensch aufgerieben wird, der innere wird Tag für Tag erneuert« (2 Kor 4,16). Die Seele ist der innere Bereich, in dem uns niemand verletzen kann. Gerade die äußere Bedrängnis kann uns dazu einladen, uns nach innen zu wenden, in den inneren Raum der Stille, in den Raum unserer Seele, in dem Gott wohnt. Dort kann uns niemand bedrängen, verurteilen oder kränken.

Eine solche theologische Lehre von der Seele ist nicht einfach abstrakt. Sie führt vielmehr zu einer therapeutischen Spiritualität. Denn der Weg nach innen, in den geschützten Raum der Seele, ist ein Heilmittel gegen die Kränkungen, die von außen auf uns einstürmen. Dort, im Raum der Seele, sind wir schon heil und ganz. Dort, wo Gott in uns wohnt, sind wir frei von der Macht der Menschen. Dort kommen wir in Berührung mit unserem wahren Selbst, über das die Welt keine Macht hat.

TEIL V

Der Seele im Alltag begegnen

WUNIBALD MÜLLER: Der Psychologe James Hillman spricht von Welt-Seele, wenn wir versuchen, die Seele nicht nur in uns, sondern auch in unserer Umgebung und unserer Welt zu entdecken und sie dort zum Ausdruck zu bringen.

Unsere Seele wohnt und wirkt nicht nur in uns. Wir begegnen der Seele auch außerhalb von uns, etwa in der Begegnung mit einem anderen Menschen. Die Art und Weise, wie wir in den anderen hineinschauen, wie wir auf das Gesicht eines anderen Menschen schauen, kann eine Form von Seelenkontakt sein. Für unsere Seele ist es wichtig, dass sie auch im anderen Menschen einen Ort findet, an dem sie sich niederlassen kann.

ANSELM GRÜN: Wir haben schon davon gesprochen, dass eine Frau, die in einem Haus eine gute Atmosphäre verbreitet, die Seele des Hauses genannt wird. Aber es gibt viele Häuser, die seelenlos geworden sind, leer, kalt und abstoßend. Wir sehnen uns nach einer guten Seele, mit der wir sprechen können. Aber manchmal suchen wir umsonst nach einer Seele, mit der uns Seelenverwandtschaft verbindet. Dann fühlt sich unsere Seele allein – und friert manchmal.

WUNIBALD MÜLLER: Menschen, mit denen uns eine Seelenfreundschaft verbindet, können zu Seelenfreunden werden. Doch die Seele begegnet uns nicht nur in uns selbst und in anderen Menschen, sondern auch in der Welt, in der wir leben, unserer kleinen Welt, die unseren Alltag bestimmt, und in unserer großen Welt. Zumindest sollte sie das. Dabei ist es für uns Menschen, so James Hillman, wichtig, der Seele in der Welt, in der wir leben, auf Augenhöhe zu begegnen.

Unsere Seele möchte da, wo wir arbeiten, leben, lieben, sich wohl und zu Hause fühlen. Ist das nicht der Fall, wird sie, so James Hillman, zum zornigen Kind, das um sich schlägt. Unsere Seele verlangt es nach Orten der Intimität, sei es in unseren eigenen vier Wänden, in der Schule, in Fabriken, in Büros, in Kirchen, in unseren Städten.

Im Beton und Eisen, im grellen Neonlicht, im Geflecht der Stromleitungen, umgeben von Technik und Computern, findet unsere Seele nicht den Ort, an dem sie sich niederlassen möchte. In einem sterilen Sprechzimmer, in das kein normales Licht dringt, umgeben von einer befahrenen vierspurigen Straße, in einem Sprechzimmer, das direkt neben heruntergekommenen Lagerhallen liegt, hat unsere Seele keine Überlebenschance. Werden den Wänden eine freundlichere Farbe verpasst, ein Teppich ins Zimmer gelegt, Bilder aufgehängt, tritt die Seele in den Raum ein, verwandelt sie den Raum.

ANSELM GRÜN: Als Cellerar muss ich immer wieder bauen oder alte Bauten renovieren. Im Gespräch mit einem befreundeten Architekten ist mir klar geworden, wie wichtig es ist, Räume zu beseelen. Ich kann meine bürgerlichen Vorstellungen im Bauen verwirklichen, ich kann aber auch spirituelle Räume bauen, Räume, in denen meine Seele atmet und sich wohlfühlt, weil der Raum nach innen führt, in die Stille und zugleich in die Weite.

Nicht umsonst hat der heilige Benedikt so viel Wert auf den Bauplan eines Klosters gelegt. Ein Kloster ist nicht nur ein zweckmäßiger Bau. Es ist vielmehr gebaute Stille. Und es ist ein Raum, der das innere Chaos, das die Mönche in sich entdecken, zusammenhält und ordnet. Es ist ein Raum, der sammelt und letztlich für Gott öffnet. Der atheistische Philosoph Ernst Bloch hat dies verstanden, denn er hat die Architektur einen »Produktionsversuch menschlicher Heimat« genannt: »Das Umschließende gibt Heimat oder berührt sie.« In jedem beseelten Bau ist die Hoffnung hineingebaut, zu Hause sein zu können, Geborgenheit und Umschlossensein durch Gott zu erahnen.

WUNIBALD MÜLLER: Die Seele ist also nicht nur in uns. Wir können durch uns und das, was wir schaffen, der Seele Ausdruck verleihen. Der Psychologe James

157

Hillman weist darauf hin, dass es von *uns* abhängt, ob und inwieweit wir zu Schöpfern werden, die dem, was sie schaffen, die Seele einhauchen. Das gilt natürlich in besonderer Weise für die Kunst, die Musik, die Poesie. Es betrifft aber auch die Art und Weise, wie wir ein Haus bauen, ein Zimmer einrichten, eine Innenstadt gestalten. Du hast da ja als Cellerar viel mehr Möglichkeiten als ich. Bei mir fließt viel von meiner Seele in meine Veröffentlichungen, die ich auch als eine Weise betrachte, zur Beseelung von Menschen, ihren Einstellungen und Verhaltensweisen beizutragen. Bei meiner Frau und meiner Schwester bewundere ich ihre Fähigkeiten, Räumen eine Seele einzuhauchen.

ANSELM GRÜN: Für mich ist es wichtig, alles, was ich tue, zu beseelen. Ich denke da an meine Arbeit in der Verwaltung. Das ist nicht einfach etwas Seelenloses. Ich bin dafür verantwortlich, dass ich alles, was ich tue, mit meiner Seele fülle. Dann macht es auch Spaß. Dann ist alles Ausdruck meiner Seele. Und natürlich möchte ich in dem, was ich in der Abtei baue oder gestalte, die Seele sichtbar werden lassen, die Sehnsucht nach einem spirituellen Ort, nach einem Raum, in dem wir in Berührung kommen mit unserer Sehnsucht nach Gott, dem unbegreiflichen Geheimnis, das wir unser Leben lang suchen. Dass die Seele alles um uns beseelen soll, kommt auch im Gleichnis vom Sauerteig zum Ausdruck, wenn es dort heißt:

»Womit soll ich das Reich Gottes vergleichen? Es ist wie der Sauerteig, den eine Frau unter einen großen Trog Mehl mischte, bis das Ganze durchsäuert war« (Lk 13,20f.). Das Reich Gottes ist oft unscheinbar. Doch es durchdringt wie ein Sauerteig den ganzen Menschen, unser Denken und Fühlen, unser Sprechen und Handeln. Das Reich Gottes ist wie diese Frau, die den Sauerteig in das Mehl unseres Alltags mischt. Es ist die Seele, die das göttliche Wort aufnimmt und es wie einen Sauerteig hineinmengt in das Gesamt unseres Lebens. Es braucht die Offenheit der Seele, damit Gottes Reich sich in unserem Leben ausbreiten kann. Dann ist es nicht nur in der Seele, sondern es bestimmt unser ganzes Leben. Doch das Gottesreich beginnt in der Seele, um sich von hier aus in alle Bereiche unseres Leibes und unseres Daseins zu ergießen.

WUNIBALD MÜLLER: Thomas Merton berichtet von den Shakern, einer geheimnisvollen amerikanischen Sekte, die im 19. Jahrhundert in den Vereinigten Staaten lebte, dass die Möbelstücke, die sie herstellten, von einer ganz besonderen einfachen Schönheit waren.

> »Die besondere Anmut eines Stuhles, der
> von den Shakern hergestellt wurde, ist darauf

zurückzuführen, dass er von jemandem hergestellt wurde, der in der Lage war, zu glauben, ein Engel könne kommen, um auf diesem Stuhl Platz zu nehmen.«

Für mich ist das ein Beispiel dafür, wie ich einen Gegenstand beseelen, etwas von meiner Seele in ihm zum Ausdruck bringen kann.

Ich beseele dann meine Umgebung, schaffe sie so, dass in ihr etwas von der Seele, meiner Seele, zum Ausdruck kommt. Wie der Künstler, der Bildhauer, der Maler in seinem Werk seine Seele oder etwas von seiner Seele ausdrückt. Wenn wir die Welt um uns so gestalten, dass in ihr die Seele sich wohlfühlt, bringen wir die Seele in die Welt. Das gilt auch für unsere Arbeit und unsere Arbeitswelt.

ANSELM GRÜN: Der amerikanische Unternehmensberater Secretan spricht heute von »Soul-Management«, also »Seelen-Management«. Er versteht darunter, dass der Führende die Seele seiner Mitarbeiter beflügelt, anstatt den Betrieb seelenlos wie eine Maschine zu behandeln. Wer die Seele seiner Mitarbeiter beflügelt, der wird eine Atmosphäre von Kreativität, von Humor, von Menschlichkeit und Lebendigkeit erzeugen, in der sich die Menschen wohlfühlen.

WUNIBALD MÜLLER: So können wir, wenn wir sensibel sind für die Seele, unsere Umwelt beseelen. Wir können und sollten offen dafür sein, die Seele nicht nur in der Natur, sondern auch in unserer Arbeitswelt, in einem Gebäude, in einer Straße zu entdecken. Manchmal bedarf es dafür einiger Zeit.

»Das Mysterium findet im Hauptbahnhof statt«, soll der Künstler Joseph Beuys gesagt haben. Wenn ich den Hauptbahnhof von Berlin betrachte, dann hat dieser Glaspalast etwas Beeindruckendes an sich. Doch das Gebäude hat Beuys sicher nicht gemeint. Paul Tillich schreibt:

> »Wenn ich gefragt werde, was der Beweis
> für den Sündenfall der Welt ist, pflege ich
> zu antworten, die Religion selber, nämlich
> eine religiöse Kultur neben einer Welt dieser
> Kulturen – ein Tempel neben einem Rat-
> haus, das Abendmahl des Herrn neben einem
> täglichen Abendessen, das Gebet neben
> der Arbeit, Meditation neben Forschung,
> caritas neben eros. Die Trennung von Geist-
> lichem und Weltlichem. Das Aussperren
> des Weltlichen aus dem Geistlichen und
> umgekehrt.«

161

Das passiert oft auch mit der Seele, die wir allzu gerne im Schönen, Idyllischen, Gepflegten ansiedeln. Und wir finden sie dort ja auch, vielleicht sogar vornehmlich. Allein das sollte uns nicht davon abhalten, die Seele auch im »Hauptbahnhof«, in der unwirtlich wirkenden Umgebung eines Fabrikgeländes, der Banalität des Alltags zu entdecken und – so gut es uns möglich ist – der Seele dort mehr Ausdruck zu verleihen.

Vor einiger Zeit bin ich im Bahnhof von Birkenwerder Monika vom Orden der Kleinen Schwestern begegnet. Irgendwann während unseres Gespräches frage ich sie, was es für sie bedeutet, die Seele im Alltag zu entdecken. Sie wohnt mit ihren Mitschwestern in Hamburgs Stadtviertel St. Pauli, also mitten unter den Menschen, hier vor allem Prostituierten. Spontan sagt sie sofort: die Erfahrung von Freundschaft. Sie berichtet von einer Kollegin, mit der sie in einer Cafétería arbeitete. Schwester Monika ist für das schmutzige Geschirr zuständig. Wenn ihr Chef mit ihrer Arbeit nicht zufrieden ist, weil er meint, sie sei zu langsam oder stelle sich dumm an, gibt ihr die Kollegin ein Endstück von dem Kuchen, den sie verkauft. Es geht nicht um die Kalorien. Es ist die Solidarität, die Freundschaft. Schwester Monika spricht vom Kick, der aus der Welt, von den Menschen, her kommt. Das kann die Seele sein, die schon längst in den Menschen lebt und plötzlich sichtbar, spürbar wird.

So gilt es, die Seele nicht nur in sich zu entdecken oder an ganz bestimmten Plätzen, sondern sie auch im Alltag zu entdecken und den Alltag, einschließlich unseres Arbeitsalltags, mit ihr zu beleben. Dann nehmen wir uns die Zeit, die wir benötigen, um unsere Seele zu pflegen.

Der Seele in der Musik und Kunst begegnen

WUNIBALD MÜLLER: Ein Bereich, über den wir auf eine vorzügliche und einzigartige Weise der Seele begegnen können und unsere Seele spüren und ausdrücken können, ist die Musik.

Ich denke zum Beispiel an die Auferstehungssymphonie von Gustav Mahler, seine 2. Symphonie. Wenn ich dieser Symphonie lausche, dann gibt es da Stellen, bei denen meine Seele jubelt. Es ist, als wollte in diesen Augenblicken meine Seele meinen Leib verlassen. Als sei mein Leib zu begrenzt für sie. Ich bin dann überwältigt. In dieser Musik geht meine Seele auf. Sie spürt sich in dieser Musik. Es ist wie bei einer Violine, deren Saiten bei einer bestimmten Musik von selbst in Schwingung geraten. Ja, bei Mahlers Musik gerät meine Seele in Schwingung.

Oder ich denke an die 5. Symphonie von Beethoven. Den Beginn dieser Symphonie erlebe ich wie einen Versuch, die Fesseln zu lösen, die mich beschränken, die Ketten, an denen ich angebunden bin, aufzubrechen. Es ist der letztlich vergebliche Versuch, sich gegen Unterdrückung aufzubäumen. Da ertönt im Hintergrund jene zarte Melodie, in der ich meine Seele spüre. Inmitten der

164

Drangsal und Not gibt es da eine allem zugrunde liegende Melodie, leise, zart und hoffnungsvoll. Das ist die Seele. Da spüre ich die Seele. Das verbinde ich mit Seele. Wenn ich an den zweiten Satz der 5. Symphonie von Beethoven denke, gibt es Passagen, die für mich wie ein Gebet sind, in denen meine Seele ein Zuhause findet. Alles, was mich ausmacht, das Tiefste in mir, meine Seele, ist dann voller Andacht, voller Hingabe, davon beseelt, mich einer größeren Macht, Gott, einfach zu überlassen.

Ich weiß, dass du fast alle Bachkantaten besitzt und dir Bach sehr wichtig ist. Kennst du die innigen Erfahrungen, dass du im Lauschen der Bachmusik deine Seele spürst, sozusagen in deiner Seele einen Resonanzboden vorfindest, der auf die Musik von Johann Sebastian Bach reagiert?

ANSELM GRÜN: Am Sonntagnachmittag gönne ich es mir immer, eine Kantate von Bach zu hören. Heute Nachmittag hörte ich die Kantate zum Reformationsfest »Eine feste Burg ist unser Gott«. In dem Duett zwischen Alt und Tenor »Wie selig sind doch die, die Gott im Munde tragen« spüre ich die Sehnsucht meiner Seele. Die Oboe und die Geige stimmen da eine innige Melodie an, die meine Seele berührt. In dieser Melodie fallen die Worte in mein Herz. Es ist so viel Zärtlichkeit in dieser Musik. Da komme ich in Berührung mit der Liebe, die auf dem

Grund meiner Seele in mir bereitliegt und immer wieder aufgeweckt werden will.

Die Musik von Johann Sebastian Bach ist für mich ein Weg, nach innen zu horchen und die Sehnsucht nach Gott in mir zu initiieren. Das beruhigt meine Seele, und zugleich macht es sie lebendig. Vieles andere relativiert sich dann. Ich bin ganz im Hören und vergesse alles um mich herum. Und ich spüre, wie die klare Struktur, die in der Bach'schen Musik erklingt, auch meine Seele ordnet und so strukturiert, dass sie mit ihrem Wesen in Berührung kommt.

Neben Bach höre ich gerne Mozart. Da erlebe ich meine Seele anders. Es ist die Ahnung, dass Schmerz und Freude eng miteinander verbunden sind. Mozart macht mir Mut, alles in mir anzunehmen, was in mir ist, ohne ein Drama daraus zu machen, mich selbst leicht zu nehmen, mitten in der Melancholie die Heiterkeit des Seins zu entdecken und mitten in der Liebe zwischen Mann und Frau das Geheimnis der Liebe schlechthin, einer Liebe, die Himmel und Erde miteinander verbindet, Gott und Mensch.

WUNIBALD MÜLLER: Wir sehen die Seele nicht, aber es gibt ganz unterschiedliche Weisen, mit der Seele in Berührung zu kommen. Die Seele ist hörbar in unserer Stimme, wir spüren sie in der Musik. Wir begegnen der

Seele im Gebet, das in die Meditation übergehen kann. Die Seele kann auch in der Art und Weise, wie wir jemanden berühren, zum Ausdruck kommen.

Rituale können die Verbindung zur Seele herstellen. Wieder ein anderer mag durch Trommeln mit seiner Seele in Berührung kommen, wenn ich mich einfach dem Trommeln überlasse und dabei, wie es dir beim Anhören der Bach-Kantaten passiert, die Welt um mich vergesse. Auch das Sprechen der Psalmen kann eine Form sein, mit der Seele in Berührung zu kommen, wenn ich mich den Psalmen überlasse, in sie einschwinge und mich von den Psalmen zu meiner Seele führen lasse.

Singen, tanzen, Gedichte lesen, sich kreativen Aktivitäten hingeben, spielen, alles kann dazu beitragen, mit der Seele in Berührung zu kommen. Es sind Fenster, die zur Seele führen.

ANSELM GRÜN: Dass das Singen die Seele beschwingt, wussten schon die Dichter. Friedrich Schiller schreibt in der *Braut von Messina*: »Doch auf den Seraphsflügeln des Gesangs / Schwang die befreite Seele sich nach oben.«

Die Seele würde verdorren, wenn sie nicht den Gesang hätte. Das Singen befreit gleichsam die Seele aus ihren Fesseln. Da bekommt sie Flügel. Es sind wunderbare Bilder, die Schiller hier von der Seele malt. Das Singen befreit die Seele, sodass sie sich nach oben, zu Gott, em-porschwingen kann.

Dass die Seele eine besondere Verwandtschaft zur Mu-sik hat, darüber haben vor allem die romantischen Dich-ter immer wieder geschrieben. Die Seele singt ihr inne-res Lied. Novalis spricht davon, dass die ganze Seele zum Lied werden kann: »Ihre ganze Seele war ein zartes Lied geworden.« Es ist ein unhörbares Lied, das aber dennoch für die Menschen in der Nähe erfahrbar wird. Sie spüren gleichsam die Schwingung des zarten Liedes, das die Seele des andern leise und verborgen singt. Die Seele singt nicht nur, sie hat auch einen Klang. Wenn wir auf sie hören, klingt sie wunderbar. Sie singt in ihrem Innern. Eichen-dorff, der andere große romantische Dichter, spricht von Liedern, die in der Seele erklingen: »Ein längst vergesse-nes Lied war in der Seele bebend ihr erklungen.« Die Seele erinnert sich an die Lieder der Kindheit, durch die sie tief angerührt wurde und durch die sie erst mit ihrem innersten Wesen in Berührung kam. Wenn diese alten Lieder in der Seele wieder erklingen, dann fängt sie an zu beben. Dann bewegt sie sich innerlich und bringt auch den Men-schen zum Schwingen. Das Lied, das in der Seele erklingt, bringt uns in Berührung mit unserem wahren Wesen, mit unserer inneren Ahnung von einem erfüllten und glückli-chen Leben. Die längst vergangenen Lieder singen letzt-lich vom Glück der Liebe.

168

WUNIBALD MÜLLER: Noch in einem anderen Bereich spielt die Seele eine wichtige Rolle. Das ist die Kunst. Der Künstler, der Bildhauer, der Maler, sie drücken in ihrem Werk ihre Seele oder etwas von ihrer Seele aus.

ANSELM GRÜN: Die Seele des Künstlers offenbart sich in seinem Kunstwerk. In den Gedichten großer Dichter erkennen wir ihre Seele. Ein Kunstwerk hat Seele, weil sich darin die Seele des Künstlers spiegelt. Wenn wir ein Gemälde anschauen, erkennen wir oft in den Augen den Blick der Seele. Es gibt Augen, in denen wir die Seele des Menschen erkennen. Und es gibt Bilder von Menschen, in deren Blicken wir eine klare Seele sehen. Da ist etwas Zartes, Durchlässiges, Reines, das man nur mit »reiner Seele« beschreiben kann. Ich sehe in den Bildern nicht nur die Seele des Künstlers, sondern eine innere Klarheit, die die einzelne Seele übersteigt. Seele an sich wird sichtbar in so einem Bild. Ich komme im Schauen eines solchen Bildes in Berührung mit meiner eigenen Seele, mit dem Lauteren und Reinen, das auch in meiner Seele liegt, oft verborgen unter allerlei Schutt, der sich darauf abgelagert hat. Das Schauen eines Kunstwerkes lässt mich durch die Schuttschicht hindurchschauen auf den lauteren Grund meiner Seele. Es ist der Grund, in dem Gott selbst in mir wohnt.

Leib und Seele

WUNIBALD MÜLLER: »Der Körper ist der Erste, den die Seele zu sich bekehrt. Unser Leben ist die Seele, die sich durch ihre Früchte, den Körper, zu erkennen gibt«, schrieb im 19. Jahrhundert der amerikanische Schriftsteller Henry David Thoreau. Ich erfahre meine Seele als Leben, etwas Lebendiges in mir. Es hängt mit von mir ab, ob und inwieweit in dem, wer ich bin, was ich tue und denke, meine Seele zum Ausdruck kommt, meine Seele ausstrahlt oder nicht. Das trifft auch auf meinen Leib zu, das zeigt sich aber auch darin, wie ich esse, wie ich mit meiner Sexualität umgehe, was ich schreibe, wie ich ein Gespräch führe, wie ich bete usw. Wenn die Seele mit im Spiel ist, ist das alles beseelt, durchtränkt von meiner Seele.

Meine Seele wirkt sich also auf mein Leben und die Gestaltung meines Lebens aus. Sie sucht auch immer wieder Möglichkeiten, die es ihr in besonderer Weise ermöglichen, sich auszuleben, zum Beispiel in einem Konzert. Wenn ich Gustav Mahlers Auferstehungssymphonie lausche, ist das eine Labsal für meine Seele, geht meine Seele gleichsam in der Musik dieser Symphonie auf.

Für unsere Seele ist es wichtig, einen Körper vorzufinden, in dem sie sich wohlfühlt. Von daher verstehe ich die heilige Hildegard, wenn sie sagt: »Tu deinem Leib Gutes, damit die Seele darin baumeln kann.« Ein vernachlässigter Leib, ein Körper, an dem Raubbau betrieben wird, der wie der letzte Dreck behandelt wird, der beeinträchtigt auch unsere Seelentätigkeit. Ein solch vernachlässigter Körper beeinträchtigt die Möglichkeiten, die unsere Seele hat, um zu unserem leiblichen Wohlergehen beizutragen.

ANSELM GRÜN: Für mich ist der Satz der heiligen Hildegard eine Mahnung, mit meinem Leib gut umzugehen. In der geistlichen Begleitung erlebe ich immer wieder, wie Menschen, die hart mit ihrem Leib umgehen, auch nicht in Berührung sind mit ihrer Seele. Sie bejahen zwar die Fleischwerdung Gottes, von der uns das Johannesevangelium erzählt. Aber trotzdem lehnen sie ihren eigenen Leib ab. Sie entwerten ihn und können sich nicht aussöhnen, dass sich ihre Seele gerade in dem Leib ausdrückt, der sie sind.

Der heilige Benedikt verlangt vom Cellerar, dass er immer auf seine Seele achten soll. Das heißt für mich auch, dass ich auf meinen Leib horche. Wenn ich einfach in mich hineinhöre, was sagt mir mein Leib? Spüre ich Widerstand gegen diese Arbeit? Spüre ich Müdigkeit und Unlust? Ich höre auf meine Seele, wenn ich auch auf meinen Leib höre. Und ich kann die Botschaft meiner Seele besser erkennen, wenn ich gut mit meinem Leib umgehe. Wenn ich ihn nur aufpeitsche, damit er möglichst viel leistet, werde ich auch den Kontakt zu meiner Seele verlieren. Meine Seele meldet sich zu Wort, indem sie mir durch den Leib signalisiert, dass ich keine Lust habe, dass sich alles in mir zuschnürt, dass ich mich zerrissen und leer fühle.

Für mich ist es wichtig, auf diese inneren Impulse zu horchen. Ich erlaube mir, dass alle Gefühle sein dürfen. Aber ich spreche dann mit den Gefühlen und mit den körperlichen Symptomen, um zu erfragen, was sie mir sagen möchten. Oft wollen sie mich ermahnen, mich besser abzugrenzen, besser für mich zu sorgen. Doch oft geht es nicht um ein Mehr oder Weniger an Arbeit, sondern um eine andere Einstellung. Ich muss mein Bedürfnis, die Erwartungen anderer zu erfüllen, loslassen. Meine Seele spricht durch den Leib zu mir. Und ich nehme die Mahnung des heiligen Benedikt ernst, immer auf meine Seele zu achten. Sonst wird auch meine Arbeit in der Verwaltung seelenlos. Und das wäre zum Schaden der Mitarbeiter und der ganzen Abtei.

WUNIBALD MÜLLER: Wenn wir nicht auf unsere Seele hören, laufen wir Gefahr, uns vom natürlichen Leben, dem, so Josef Goldbrunner, »Nährboden der Seele, zu entfernen. (...) Es entsteht eine Kluft zwischen Bewusstsein und Unbewusstem. Das Ich hängt in der Luft und erstarrt – vor Angst. (…) Die psychischen Naturgesetze werden verletzt. Man setzt sich hinweg über die Grundtatsachen des Lebens und der Seele und lebt – unnatürlich«.

Um das zu verhindern, bedarf es der Achtung und Respekt vor dem wunderbaren Wesen der Seele.

> »Es bedarf einer Demut des Geistes, sich einzugestehen, dass er zeitweise das Zepter der Herrschaft niederlegen muss und nicht selbst bestimmen kann und darf, sondern horchen und lauschen muss auf das geheime Wachsen in den Tiefen der Menschenseele.«

ANSELM GRÜN: Ich erlebe meine Seele als einen Jungbrunnen, in den ich eintauchen kann. Wenn ich erschöpft bin, versuche ich nicht, mich mit Entspannungstechniken zu erholen. Vielmehr horche ich einfach in mich hinein. Dann habe ich den Eindruck, dass da in mir eine Quelle ist, die sprudelt. Manchmal spüre ich dann die Ruhe, die aus dem Grund meiner Seele strömt und meine Unruhe beruhigt.

Ein andermal erfahre ich eher das Erfrischende dieser inneren Quelle. Die Seele ist wie ein Brunnen, der immer strömt, weil in ihm die Quelle des Heiligen Geistes sprudelt, die unerschöpflich – weil göttlich – ist. Wenn ich ein Buch schreibe, dann erlebe ich manchmal, dass es nicht weitergeht. Dann lege ich mich für fünf Minuten auf mein Bett und horche einfach in mich hinein. Ich versuche, ruhig zu atmen. Dann tauchen oft Gedanken auf, die es mir ermöglichen, weiterzuschreiben. Ich kann Gedanken nicht durch Nachdenken erzwingen. Es braucht die Berührung mit der eigenen Seele, damit sie fließen.

WUNIBALD MÜLLER: Nach Josef Goldbrunner verfügt unsere Seele über »ein bestimmtes Maß von Lebenskraft, seelische Energie, worin die Menschen, wie ihr Temperament zeigt, sehr verschieden sind«. Wenn wir in uns eine seelische Öde und Trockenheit spüren, dann ist das oft, so Josef Goldbrunner, als Reaktion eines seelischen Energieausgleiches zu verstehen.

> »Das Bewusstsein ist entleert von Lebenskraft, es empfindet sich müde, ist inaktiv und verödet. Eine Pause im Schaffen des Bewusstseins muss eintreten. Die verschwundene Lebenskraft ist währenddessen im Unbewussten tätig. (...) Was dort in der Tiefe erarbeitet wird, kommt nach einer Zeit dem Bewusstsein an Lebendigkeit wieder zugute. (...)

Die Lebenskraft erneuert sich in den
Tiefen, im ›Keller Gottes‹. Die Zwischen-
zeit ist durchaus nicht verloren, sie ist eine
schöpferische Pause.«

ANSELM GRÜN: Aristoteles, der Schüler Platons, der
die idealistische Sicht seines Lehrers auf den Boden stellte,
sieht die Seele als Form des Leibes. Diese Sicht hat Thomas von Aquin übernommen. Er bindet die Seele mit
dem Leib zusammen. Die Seele formt den menschlichen
Leib. Die Seele steht dann für das Personsein des Menschen. Und diese Lehre des großen mittelalterlichen Philosophen und Theologen öffnet die Seele für das, was in
unseren Tagen die Psychologie von der Seele sagt. Denn
Leib und Seele hängen immer zusammen. Der Leib lässt
auf die Seele schließen, und umgekehrt wirkt die Seele auf den Leib, entweder heilend oder krank machend.
Der Leib lässt uns erkennen, wie es um unsere Seele steht.
Und umgekehrt wirkt sich unsere Seele in unserem körperlichen Empfinden aus.

TEIL VI

Seelsorge und Psychotherapie als Sorge um die Seele

WUNIBALD MÜLLER: Bei einem so breiten und tiefen Verständnis von Seele rückt die Aufgabe des Seelsorgers noch einmal in ein neues Licht. Ist es nicht ein Privileg, in der Sorge um die Seele eine wesentliche Aufgabe seiner Tätigkeit zu sehen? Ist das nicht eine wunderschöne Aufgabe? Erhält hier der Beruf des Seelsorgers und der Seelsorgerin nicht noch einmal einen ganz neuen Glanz, wenn seine und ihre Aufgabe zuallererst als Sorge um die Seele, um das Innerste der Menschen, gesehen wird?

Meine Erfahrung ist, dass viele Menschen sich nach Männern und Frauen sehnen, denen gegenüber sie sich eröffnen können, denen sie ihr Innerstes zeigen können. Bei denen sie spüren, die sind an mir und meinem Innersten, meinem Tiefsten, meiner Seele interessiert, sorgen sich um meine Seele. Sorgen in dem Sinne, dass es mir seelisch gut geht, meine Seele nicht zu kurz kommt, bei allem, was mich sonst beschäftigt und umtreibt, meine Seele nicht vernachlässigt wird.

Um die Seele der anderen Person kann sich nur jener kümmern, der sich um seine eigene Seele kümmert, mit ihr in Berührung ist. Jemand, dessen Seele selbst verwahrlost ist, der keine Seelenpflege betreibt, mag sich Seelsorger nennen, vermag aber nicht dem Bedürfnis der Menschen gerecht zu werden, die an einer echten Seel-Sorge interessiert sind.

ANSELM GRÜN: In der geistlichen Begleitung ist es mir wichtig, dass der Seelsorger und die Seelsorgerin auf ihr geistliches Leben achten. Dabei geht es nicht in erster Linie um Disziplin, sondern darum, dass sie die eigene Seele ernst nehmen. Doch um auf die Seele hören zu können, braucht es immer auch die Zeit des Schweigens, des Gebets und der Meditation. In der Antike spricht man vom Zwiegespräch mit der eigenen Seele. Lukas, der diese Tradition griechischer Philosophie kennt, lässt den reichen Kornbauern ein Gespräch mit seiner Seele führen: »Ich werde zu meiner Seele sagen: Seele, du hast viele Güter für viele Jahre liegen; ruhe dich aus, iss, trink, sei frohgemut!« (Lk 12,19). Doch Lukas mahnt uns, anders mit unserer Seele zu sprechen, sie nicht mit äußerem Reichtum zu beruhigen, sondern auf ihre wahren Impulse zu horchen.

Jede Seelsorgerin und jeder Seelsorger braucht Orte, an denen sie oder er mit der Seele in Berührung kommen kann, ohne sich unter spirituellen Leistungsdruck zu stellen. Das kann ein Spaziergang durch den Wald sein oder ein Konzert, zu dem ich mir Zeit nehme. Ich brauche eine Seelenkultur, um mit meiner Seele in Berührung zu kommen und ihre Botschaft zu verstehen. Das ist für mich die Voraussetzung, die Seele des andern wahrzunehmen und auf seine tiefste Sehnsucht zu hören. Nur wenn ich meiner eigenen Seele gerecht werde, werde ich auch ein gutes Gespür für die Seele des andern entwickeln und werde mit seiner Seele in Berührung kommen und erkennen, was ihr guttut.

Für den heiligen Augustinus besteht Seelsorge darin, auf die Sehnsucht zu horchen, die in jedem Menschen steckt. Selbst wenn der andere mir gar nicht fromm erscheint, überall dort, wo er sich leidenschaftlich für etwas einsetzt, ist nach Augustinus letztlich eine Sehnsucht am Werk, die Sehnsucht nach Gelingen des Lebens, nach Glück, nach Geborgenheit, nach Liebe. Und letztlich ist es die Sehnsucht nach Gott. Denn Gott allein vermag unsere tiefste Sehnsucht zu erfüllen. Statt zu jammern, dass die Menschen heute nicht mehr glauben, besteht Seelsorge für mich darin, die Sehnsucht der Menschen zu entdecken, sie zu spüren und sie anzusprechen. Und es geht darum, die Sehnsucht der andern weiterzudenken. Wonach sehnt sich der andere im Tiefsten? Dann werden wir in jeder Seele letztlich eine religiöse Sehnsucht entdecken, eine Sehnsucht nach absolutem Gelingen, nach absoluter Geborgenheit, Liebe und Glück. Und diese Sehnsucht vermag nur Gott zu erfüllen.

WUNIBALD MÜLLER: Es gibt inzwischen auch ver-
einzelt, vor allem im US-amerikanischen Raum, Stimmen, die von der Psychotherapie als der eigentlichen Seelsorge sprechen. Jene, die das fordern, haben erkannt, dass
es auch bei der Psychotherapie im Letzten darum geht,
die Seele eines Menschen zu erreichen, Menschen zu helfen, wieder mit ihrer Seele in Berührung zu kommen,
mit dazu beizutragen, dass die Seele wieder die Führung
im Leben dieser Menschen übernimmt.

Tatsächlich ist es inzwischen so, dass die Psychothe-
rapeutinnen und die Psychotherapeuten die Seelsorgerinnen und die Seelsorger abgelöst haben. Menschen
wenden sich in ihrer seelischen Not immer mehr an Psy-
chotherapeutinnen und Psychotherapeuten. Auch deshalb, weil in der Begegnung mit ihnen sie in ihrem Innersten angesprochen werden und Erfahrungen machen
dürfen, die sie als Sorge um ihre Seele erleben, bis dahin,
dass sie in diesen Begegnungen Erfahrungen spiritueller
Art machen, die ihrem Verlangen nach spiritueller Erfahrung mehr gerecht werden als in der Begegnung mit
einem Priester oder einer Seelsorgerin, die vollgestopft
sein mögen von Theologie, kirchlichen Vorschriften oder
auch Gesprächstechnik, aber nicht in Berührung sind mit
ihrem Innersten und die das Innerste in der Begegnung
mit dem Ratsuchenden dann auch nicht zum Klingen
und Schwingen bringen können.

ANSELM GRÜN: Es gibt heute viele Menschen, die zum Therapeuten gehen und nicht zum Priester oder zur Seelsorgerin. Umgekehrt erlebe ich auch viele Menschen, die zu uns ins Kloster kommen, weil ihnen die Psychotherapie allein nicht genügt. Sie möchten eine Seelsorge in Anspruch nehmen, die auch die therapeutische Seite berücksichtigt. Aber sie möchten bewusst auch ihren Glauben in der Begleitung bedenken und ihn überprüfen, wie weit er ihnen hilft, mit ihren Defiziten und Verletzungen umzugehen. Es ist heute eine große Sehnsucht gerade bei religiösen Menschen, die therapeutische und seelsorgliche Seite miteinander zu verbinden. Doch es braucht dann eine Seelsorge, die etwas von Psychologie versteht und die psychischen Grundmuster der Seele ernst nimmt, ohne den Therapeuten zu kopieren.

WUNIBALD MÜLLER: Ich denke, es gibt auch große Unterschiede zwischen der Aufgabe des Psychotherapeuten und der des Seelsorgers, die man auch nicht verwischen sollte. Auf der anderen Seite stellt es eine enorme Vertiefung der Arbeit des Psychotherapeuten und des Seelsorgers, aber auch des Mediziners dar, wenn sie bei ihrem Begleiten und Tun sich immer wieder bewusst machen, dass der Mensch, dem ich begegne, mit einer Seele ausgestattet ist, und nie vergessen, dass alles, was ich tue, Auswirkungen auf die Seele haben kann beziehungsweise ich gut beraten bin, bei all meinem Tun die Anwesenheit der Seele mit zu bedenken bis dahin, immer auch daran interessiert zu sein, die Seele und ihre Möglichkeiten mit einzubeziehen.

Die Sorge um die Seele, die *cura animarum*, könnte von unterschiedlichen Berufsgruppen mit einer unterschiedlichen Intention und Aufgabe zum Ausdruck gebracht und umgesetzt werden. So kann der Mediziner, der in Berührung ist mit seiner eigenen Seele, in der Begegnung mit dem Patienten – ohne den Seelsorger zu ersetzen – die Seelen-Seite im Patienten zum Klingen bringen und für den Heilungsprozess fruchtbar machen. Es geht dabei nicht darum, den Mediziner zu einem Seelsorger zu machen. Es geht darum, dass der Mediziner sich wieder bewusst macht, dass es die Seelen-Dimension gibt, es sich dabei um eine wesentliche Dimension des Menschen handelt und er einfach gut daran tut, wenn er bei seinem Tun diese Dimension mit im Blick hat.

Die Sorge des Psychotherapeuten um die Seele kann sich darin zeigen, dass er versucht, mit der Innenseite eines Menschen in Berührung zu kommen, mit dem Ziel, Hemmungen oder Fehlentwicklungen zu erkennen und zu beseitigen beziehungsweise zu korrigieren. In wohl keiner professionellen Begegnung komme ich so dicht an den Kern eines Menschen heran wie in der psychotherapeutischen. Ich komme dabei auch, ist zu hoffen, immer wieder in Berührung mit dem Tiefsten des Menschen, der zu mir kommt, seiner Seele. Wenn ich aber so dicht bei einem Menschen bin, wenn ich mich so sehr in seine Tiefe herablasse, mich sehr intensiv mit seiner Innenseite auseinandersetze, dann kann es gar nicht anders sein, als dass ich dabei immer wieder als Psychotherapeut mit der Seele des anderen, für den ich da bin, in Kontakt komme. Ich werde das als Psychotherapeut vermutlich nur dann registrieren und spüren, wenn ich für mich akzeptiert habe, dass es auch in mir eine Seele gibt, ich um sie weiß, sie angenommen habe und mit ihr in Berührung bin.

Trifft das zu, kann ich in der Begegnung mit dem Ratsuchenden damit rechnen, dass die Seele in ihm wieder durchscheint. Ich würde mich sogar eher wundern, wenn ich sie nicht spüre, wenn sie nicht durchscheint, sie anscheinend nicht vorhanden zu sein scheint. Dann mag ich es mitunter sogar als meine Aufgabe sehen, hinzuschauen, was es denn ist, dass diese Seite im Leben dieses Menschen anscheinend nicht vorhanden oder unterentwickelt ist. Ich bin dann zumindest sensibel für diese Seite. Ich bin offen dafür, und ich sehe es als meine Aufgabe, mit dazu beizutragen, dass auch die Seelenseite in dem Menschen, der zu mir kommt, den ihr gemäßen Platz einnimmt. Ein solches Verständnis leitet den Psychotherapeuten als Seelenfreund und führt ihn dazu, dass ihre Freundschaft das Innerste der andern berührt.

ANSELM GRÜN: Wann gelingt dir das am besten? Ich bemerke bei meinen Begleitungen, dass hier die Kunst gefordert ist, sich selbst als Begleiter zurückzuhalten.

WUNIBALD MÜLLER: Ja, dazu bedarf es einer gewissen Zurückhaltung in der Begegnung mit der Rat suchenden Person, damit ihre Seele sich rühren und melden kann und das, was sie sagen möchte, nicht überhört wird.

Ich vermute, du kennst aus der geistlichen Begleitung auch die Situation, dass Menschen, die du begleitest, dich nach einem Rat fragen, wie es weitergeht zum Beispiel. Ich weiß nicht, wie du damit umgehst, ob du dich dazu verführen lässt, Ratschläge zu erteilen, oder ob du zum Beispiel die Unsicherheit, die hinter der Fragestellung steht, aufgreifst. Mir gefällt es jedenfalls, wie C. G. Jung oft in solchen Situationen vorgegangen ist. Wenn er von seinen Klienten gedrängt wurde, definitive Antworten zu geben auf Fragen wie »Was raten Sie? Was soll ich tun?«, antwortete er oft nur achselzuckend mit einem kurzen »Das weiß ich auch nicht«. Weiter meinte er, gäbe es nur eine Sache, die gewiss war: Dass sie es lernen mussten, ihrer »unbewussten Psyche« zuzuhören, wenn sie tatsächlich aus dem unerträglichen Stillstand wieder herauskommen wollten, in dem sie sich befanden.

ANSELM GRÜN: Ich erlebe oft die Erwartung der Gesprächspartner, dass ich ihre Probleme lösen soll. Früher bin ich häufig in diese Falle getappt und habe mich geschmeichelt gefühlt, wenn jemand von mir einen Ratschlag wollte. Doch inzwischen spüre ich, dass ich da eher allergisch reagiere.

Ich versuche, erst einmal hinzuhorchen, was der andere denn selbst ahnt. Ich frage dann: Was könnte Ihnen dabei helfen? Ich versuche, den andern mit den Lösungen in Berührung zu bringen, die in seiner Seele bereitliegen. Manche weigern sich, in sich selbst hineinzuschauen. Sie trauen sich selbst nichts zu. Aber meine Erfahrung ist, dass es wenig hilft, wenn ich dann an ihrer statt eine Strategie entwickle. Die Lösung muss aus ihnen selbst kommen. Ich kann nur helfen, dass sie den Impulsen der eigenen Seele trauen. Meine Aufgabe ist es, das, was aus dem eigenen Innern emporsteigt, zu verstärken und manchmal auch zu konkretisieren und anzuregen, den Impuls in ein Programm umzusetzen.

Bei religiösen Menschen erlebe ich oft, dass sie jammern, weshalb Gott ihnen denn nicht hilft. Sie betonen, dass sie viel beten. Aber es hat bisher nicht geholfen. Dann höre ich die vorwurfsvolle Frage: »Warum lässt Gott mich so leiden? Warum hilft er mir nicht?« Ich antworte dann sehr nüchtern: »Gott wird Ihnen das Problem bestimmt nicht von außen einfach wegnehmen. Gott spricht zu Ihnen in Ihrer Seele. Sie sollten darauf hören, was Ihre Seele Ihnen sagen möchte. Darin zeigt Ihnen Gott einen Weg.« Doch gerade bei Menschen, die sehr auf ihrem religiösen Weg bestehen, erlebe ich es, dass sie nicht bereit sind, sich der Wahrheit ihrer Seele zu stellen und den Grund ihres Leidens zu erkennen. Wenn sie der eigenen Wahrheit begegnen würden, dann könnte auch der spirituelle Weg zur Hilfe werden, mit dieser Wahrheit so umzugehen, dass sie nicht mehr so leiden müssen. Aber oft sind solche Menschen fixiert auf bestimmte Vorstellungen, wie das Leben sein soll und was Gott ihnen zu geben hat. Das ist dann ein Versuch, die Religion dazu zu benutzen, der eigenen Seele und letztlich auch Gott aus dem Weg zu gehen.

WUNIBALD MÜLLER: Wenn das geschieht, sehe ich es als Psychotherapeut als meine Aufgabe an, Menschen zu helfen, wieder mit ihrer Seele in Berührung zu kommen und sich ihr zu stellen. Ich kann dann mit dazu beitragen, dass überhaupt wieder in dem Menschen, der meinen Rat sucht, die Seelenseite geweckt, gefördert, entfaltet wird; das Leben dieses Menschen dadurch reicher, tiefer, grundsätzlicher wird; das Erfahrungspotenzial von Eingebundensein in etwas Größeres, Verankertsein in etwas, das über mich hinausweist, genutzt wird und damit zum Segen dieses Menschen beiträgt.

188

Nach Ansicht des Theologen Matthew Fox sind die Mystiker Künstler der Seele. »Sie sind Dichter der Seele. Daher fühlt sich jeder, der es heutzutage ernst nimmt mit der Seelenarbeit, auch Therapeuten, die es damit wieder ernst meinen, zu den Mystikern hingezogen.« Psychotherapeuten, Seelsorgerinnen, Mediziner, die sich selbst nicht um ihre Seelen kümmern, die sie nie erfahren haben, die nicht wissen, was ihr guttut, was sie braucht, sind nur bedingt dafür geeignet, sich um die Seele anderer zu kümmern. Sie sind und wirken eher wie die Verwalter einer »spirituellen Tankstelle« denn wie echte Seelen-Führer und Seelen-Führerinnen. Sie haben sich dann noch nicht auf jenen Weg gemacht, der dazu führt, dass sie in ihrem eigenen Leben der Seele die Führung überlassen. Wollen Psychotherapeuten, Seelsorger, Medizinerinnen den Menschen, die zu ihnen kommen, helfen, wieder in Berührung mit ihrer Seele zu kommen und ihre Seele zu finden, können sie das wohl nur tun, wenn sie selbst mit ihrer Seele in Berührung sind, sie sie selbst gefunden haben.

ANSELM GRÜN: Für mich ist es interessant zu beobachten, dass viele Psychologen sich mit den Schriften der Mystiker beschäftigen. In der geistlichen Begleitung frage ich auch oft danach, welche Bücher jemand liest. Und es freut mich, dass sich viele Seelsorgerinnen und

Seelsorger in die Schriften der Mystiker vertiefen. Allerdings genügt es nicht, nur die Schriften zu lesen. Es geht um die Erfahrung Gottes, die schließlich für die Mystik wesentlich ist. Ich kann die Erfahrung Gottes nicht erzwingen. Aber wenn ich darum ringe, mich in der Stille für Gott zu öffnen, dann kann ich vertrauen, dass ich mit meiner Seele in Berührung komme und dort immer auch einmal Gott erfahren darf, der in meiner Seele wohnt. Allein die Vorstellung, dass Gott in mir wohnt, hilft mir schon, das äußere Getriebe um mich herum zu relativieren. Statt sich nur mit der äußeren Leitung einer Pfarrei zu beschäftigen, täte es uns Seelsorgern und Seelsorgerinnen gut, uns mit der mystischen Tradition unseres christlichen Glaubens zu befassen und einen spirituellen Weg zu gehen, einen inneren Weg, der uns in das eigene Innere, in die Seele führt.

WUNIBALD MÜLLER: Seel-Sorge, das heißt für mich im Wesentlichen, in meiner Sorge um den anderen Menschen immer wieder die Dimension der Seele, das heißt aber auch des Religiösen, des ganz Anderen, mit einzubeziehen. Das mag für den Mediziner und in dem, was er tut, nicht sehr stark zum Ausdruck kommen. Das trifft mehr für den Therapeuten zu. Für den Seel-Sorger trifft das aber in ganz besonderer Weise zu. So ist es für ihn wichtig, immer wach für die Seele, die Bedürfnisse

190

der Seele zu sein. Ich verstehe das auch als ein Wachsein für die Regungen des Unbewussten, der Seele. Ich lausche dem, was der andere sagt, ich bin zugleich aber auch in besonderer Weise sensibel und hellhörig, empfindsam für das, was ich als Bedürfnis, als Wunsch der Seele des anderen verspüre. Um dann darauf zu reagieren, um in der Art und Weise, wie ich da bin, mit dazu beizutragen, dass die Seele die Antworten bekommt, die sie braucht, dass ihr die Nahrung gewährt wird, die für sie wichtig ist, um nicht nur zu überleben, sondern zu leben.

ANSELM GRÜN: Bischof Synesius, der im 4. Jahrhundert gelebt hat, hat ein Buch über Traumdeutung geschrieben. Er verstand es als Beitrag zu echt christlicher Seelsorge und war überzeugt, dass der Seelsorger erst die Sprache der Seele verstehen muss, um ihr einen Weg zu weisen, damit sie in ihre eigene Wahrheit kommt. Und für Synesius war der Traum der Ort, an dem Gott zu unserer Seele spricht. In der Geschichte christlicher Seelsorge gab es also schon immer Verständnis dafür, dass wir gut auf die eigene Seele hören müssen, um auch die Seele der Menschen zu verstehen, für die wir Sorge tragen sollen.

Die Seele und ihr Interesse am Geheimnisvollen

WUNIBALD MÜLLER: C. G. Jung schreibt in seinen Erinnerungen:

> »Es ist wichtig, dass wir ein Geheimnis
> haben und die Ahnung von etwas nicht
> Wissbarem. Es erfüllt das Leben mit etwas
> Unpersönlichem, einem Numinosum. Wer
> das nicht erfahren hat, hat Wichtiges verpasst.
> Der Mensch muss spüren, dass er in einer
> Welt lebt, die in einer gewissen Hinsicht
> geheimnisvoll ist, dass in ihr viele Dinge
> geschehen und erfahren werden können, die
> unerklärbar bleiben, und nicht nur solche, die
> sich innerhalb der Erwartung ereignen. Das
> Unerwartete und das Unerhörte gehören in
> diese Welt. Nur dann ist das Leben ganz. Für
> mich war die Welt von Anfang an unendlich
> groß und unfasslich.«

Diese Worte muss man sich auf der Zunge zergehen lassen. In diesen Worten sehe ich viele Hinweise auf unsere Seele, die Anwesenheit, das Wirken unserer Seele. Sie ist für mich jene Instanz in uns, die uns empfänglich und empfindlich macht für das Geheimnisvolle. Sie ist zugleich die Instanz in uns, die darum bemüht ist, dass das Geheimnisvolle in unserem Leben erfahrbar wird, wir Interesse am Geheimnisvollen haben. Unsere Seele wird traurig, fühlt sich nicht wohl, wenn in unserem Leben das Geheimnisvolle zu kurz kommt, immer mehr zurückgeht, immer mehr ersetzt wird durch Banales, Pseudogeheimnisvolles.

Von C. G. Jung wird berichtet, dass er in seiner Beratung manchmal wie einer wirkte, der zum einen sehr präsent war, zum andern den Eindruck erweckte, als sei er mit seinen Gedanken irgendwie abwesend, irgendwo ganz anders. Marie-Louise von Franz, eine Schülerin Jungs, schreibt dazu:

> »Das bald kontrastierende, bald harmonische
> Zusammenklingen von Ichbewusstsein und
> Unbewusstem, den zwei Spiegelwelten,
> zwischen denen eine Mitte einzuhalten er
> sich bemühte, war auch bei der persönlichen
> Begegnung mit Jung fühlbar. Während
> seine lebhaften dunklen Augen bald
> anscheinend wohlwollend interessiert bei
> dem Besucher weilten, schweiften sie bald
> auch wieder weg, wie nach einem dunklen

Hintergrund hinblickend und von dorther nach Antwort spähend. Trotz seinem natürlichen, bescheidenen Wesen fühlte man sich in eine Sphäre des Ahnungsvollen, Zauberischen versetzt und begann plötzlich jene geheimnisvolle Macht zu fühlen, in deren Händen alles menschliche Geschick ruht und von wo Sinn und Unsinn des eigenen Wesens stammen. Fast nie verließ wohl ein Mensch sein Konsultationszimmer, ohne von jener geistigen Macht des Unbewussten angerührt worden zu sein und dadurch die Aufforderung zu fühlen, sich auch seinem No. 2 zuzuwenden, das unser ephemeres Ichbewusstsein trägt, verändert und ihm den tieferen Sinn verleiht.«

ANSELM GRÜN: Was du von C. G. Jung berichtest, das habe ich in Gesprächen mit Graf Dürckheim ganz ähnlich erfahren. Er war auch Therapeut der Jung'schen Schule. Aber er hat die Jung'sche Psychologie mit Zen-Meditation verbunden. Ihm ging es letztlich immer um die Seinserfahrung und Seinsfühlung. Damit meinte er das Gespür für das Transzendente, für das, was die Welt im Innersten zusammenhält.

In Gesprächen mit ihm hatte ich den Eindruck, dass

er genau hinhörte, aber nicht in seinem Kopf analysierte, was ich sagte, sondern auf etwas Größeres hörte als auf meine Worte. Seine Präsenz war nicht nur Zugewandtsein zu mir, sondern auch Offenheit für das Sein, Offenheit für die Transzendenz, Offensein für das Geheimnisvolle, das uns alle umgibt. Ich kann das nicht einfach kopieren. Aber ich frage mich schon, ob es meine Gespräche nicht befruchten würde, wenn ich immer zusätzlich auf das Geheimnisvolle um mich herum bezogen wäre.

WUNIBALD MÜLLER: Ich mache manchmal ähnliche Erfahrungen in der Beratung. Ich versuche dann ganz da, einfach präsent zu sein, dem zu lauschen, was die Rat suchende Person mir sagt. Zugleich ist aber auch meine Seele auf Empfang eingestellt. Ich spüre regelrecht, wie es neben meinem bewussten Bei-mir-Sein noch einmal eine andere Wachheit in mir gibt, die mich mit der Seele verbindet.

Ich erlebe mich dann als ganz anwesend, ganz wach und vertraue dem, was in dieser Wachheit als Antwort, als Reaktion bei mir entsteht. Ich meine dann beim andern manches zu spüren und zu sehen und zu vernehmen, was ich nicht sehen, spüren oder vernehmen würde, wäre meine Seele nicht auf Empfang eingestellt. Ich kann in solchen Momenten ganz ruhig sein, setze mich nicht unter Druck, vertraue sozusagen den Regungen meiner Seele, dem, was von dorther mir zugesprochen wird, ausgeht, um es schließlich ins Wort zu bringen.

Das Interesse am Geheimnisvollen bei C. G. Jung zeigte sich auch, wenn man sein Arbeitszimmer ansieht. In der Biografie von Deirdre Bair über C. G. Jung heißt es:

>»Den Charakter des Arbeitszimmers
>prägte das Fenster: drei große Scheiben aus
>Buntglas, auf denen die Szenen von der
>Passionsgeschichte dargestellt waren: die
>Geißelung Christi, seine Kreuzigung und
>die Grablegung. Man konnte einen Vorhang
>vor dieses nach Westen gerichtete Fenster
>ziehen, um sich vor der untergehenden Sonne
>abzuschirmen, und sorgfältig hinter diesem
>Vorhang verborgen hing an der Wand ein
>Foto vom Turiner Grabtuch, zu dem Jung
>immer als den Linceul du Christ sprach.«

Der inzwischen verstorbene Regensburger Pastoraltheologe Josef Goldbrunner, der sich als Theologe mit C. G. Jung auseinandersetzte, erzählte mir bei einer Begegnung mit ihm in Regensburg, C. G. Jung und seine Frau luden ihn einmal zum Abendessen ein. Nach dem Abendessen ging C. G. Jung mit ihm hoch in sein Arbeitszimmer.

Er führte ihn vor jenes Foto vom Turiner Grabtuch, das hinter dem Vorhang verborgen war, und sagte zu Josef Goldbrunner sinngemäß: Ich bin nur noch an dem Unsichtbaren, dem Geheimnisvollen interessiert.

Wie wenn es Jung darum gegangen wäre, im Sichtbaren einen Abdruck des Unsichtbaren zu entdecken. Oder übertragen auf die Seele gesagt: die unsichtbare Seele im Sichtbaren zu entdecken, durchsichtig zu machen. Den Menschen, die zu ihm kamen, zu helfen, dass die Seele für sie spürbar wird, sie ein Gefühl, eine Ahnung von ihr bekommen. Um schließlich ihr die Führung in ihrem Leben zu überlassen, dem Wirken der Seele in ihrem Leben zu trauen, den Regungen und Anregungen der Seele zu folgen, um entsprechend ihr Leben zu gestalten und zu leben.

ANSELM GRÜN: Was du über C. G. Jung und sein Interesse am Geheimnisvollen sagst, hat mich sehr berührt. Ja, ich denke, die Seele ist der Bereich in uns, der uns auf Gott verweist, aber auch auf den geheimnisvollen Grund jedes Menschen. Die Seele erinnert uns daran, dass der Mensch, der uns gegenübersitzt, nicht nur diese oder jene Geschichte hat, diese oder jene Lebensmuster in sich trägt, sondern dass er eine Seele hat, die ihn im Innersten mit Gott verbindet. In jedem Menschen steckt eine Sehnsucht nach Gott. Wenn ich mit meiner

Seele in Berührung bin, dann höre ich nicht nur auf die Worte des andern, sondern ich höre seine Sehnsucht heraus, die Sehnsucht, im Geheimnisvollen geborgen zu sein, über sich hinauszugehen in den Grund der Liebe, der letztlich Gott ist.

Die Seele bringt mich in Berührung mit meiner Intuition. Und die Intuition sagt mir oft mehr als die genaue Beobachtung des andern, als das analysierende Denken, das die Schilderung des Gesprächspartners auf neurotische Grundmuster hin untersucht. Es gibt Erfahrungen, dass es auch bei der Auswahl der Mitarbeiter besser ist, auf die eigene Seele, auf die Intuition, auf das Bauchgefühl zu hören, als rational nur seine Ausbildung und seine Fähigkeiten zu prüfen. In unserer Seele wissen wir, ob der andere zu uns passt oder nicht, ob er sich in unserem Team gut einfügen und entwickeln wird. Warum das so ist, kann man wohl nur damit erklären, dass unsere Seele Kontakt hat mit der Seele des andern.

WUNIBALD MÜLLER: Ich spüre, während ich mich mit dir über die Bedeutung des Geheimnisvollen austausche, wie meine Seele mitschwingt, sich verstanden, ernst genommen fühlt. Tief in mir registriere und spüre ich: Ja, ja, das ist es, darauf kommt es an. Das ist entscheidend: dafür zu sorgen, dass in meinem Leben das Geheimnisvolle nicht zu kurz kommt, ich mein Leben durchtränke mit dem Geheimnisvollen, was aber heißt, mich durchtränken zu lassen von meiner Seele.

Zugleich scheint mir auch wichtig zu sein, dem Geheimnisvollen das Geheimnisvolle zu belassen. Es nicht zu Tode zu erklären und analysieren. Es mag etwas bleiben, das unsagbar bleibt. Wie das ja für die Seele zutrifft, so sehr auch wir uns gerade darum bemühen, etwas von ihrem Geheimnisvollen zu lüften, ohne freilich, so hoffe ich, ihr das Geheimnisvolle zu nehmen.

TEIL VII

Die Seele zwischen Ich und Du

WUNIBALD MÜLLER: Martin Buber schreibt:

> »Keine Fabrik und kein Büro ist so
> schöpfungsverlassen, dass nicht von Arbeits-
> platz zu Arbeitsplatz, von Schreibtisch
> zu Schreibtisch ein geschöpflicher
> Blick auffliegen könnte, nüchtern und
> brüderlich. (…) Und nichts ist so sehr ein
> Dienst an der Zwiesprache zwischen Gott
> und Mensch wie so ein unsentimentaler
> und unromantischer Blicktausch zwischen
> Menschen im Fremdraum.«

In einem solchen Blick kann sich die Seele zeigen.

Die Seele ist nicht nur in mir. Sie ist auch zwischen mir und der anderen Person. Martin Buber soll auf eine entsprechende Zwischenfrage ausgerufen haben: »Aber meine Herren, das Unbewusste befindet sich doch nicht im Menschen! Es befindet sich zwischen den Menschen!« Der Psychologe und Universitätsprofessor Avist von Schlippe, der sich der systemischen Therapie und Beratung schwerpunktmäßig gewidmet hat, kom- mentiert das mit den Worten, dass der Mensch mit seiner Unendlichkeit in seiner Brust verloren ist, wenn diese Unendlichkeit nicht auch eine Entsprechung findet, eben im Gegenüber: »Einander reichen sich die Menschen das Himmelsbrot des Menschseins«, schreibt Martin Buber in seinem Buch *Urdistanz und Beziehung.* Gerade in dieser schöpferischen Beziehung zwischen den Menschen liegt das, was Seele ausmacht.

Ich spüre meine Seele und die Seele meiner Gesprächspartner in besonders dichten Gesprächen. Da kann die Seele sich zeigen.

ANSELM GRÜN: In Begegnungen erlebe ich den Unterschied zwischen einem oberflächlichen Kontakt, in dem man sich über alles Mögliche unterhält, und einer beseelten Begegnung, in der die Seele Flügel bekommt. Da reden wir nicht über irgendetwas, sondern wir kommen auf das Wesentliche. Und auf einmal entsteht eine Schwingung. Zwei Seelen berühren sich und befruchten sich. Sie regen sich gegenseitig an, im Denken und im Sprechen das Geheimnis zu berühren, das sie übersteigt.

WUNIBALD MÜLLER: Ich kenne solche Erfahrungen aus tiefen Beziehungen und von Begegnungen im Rahmen der Therapie. Da geschieht dann, was mir Carl Rogers, der Begründer der Gesprächspsychotherapie,

sagte, als ich ihn wenige Jahre vor seinem Tod in La Jolla
in Kalifornien besuchte:

> »Ich stelle fest, dass von allem, was ich tue,
> eine heilende Wirkung ausgeht, wenn
> ich meinem inneren, intuitiven Selbst am
> nächsten bin, wenn ich gewissermaßen mit
> dem Unbekannten in mir in Kontakt bin. (...)
> Dann ist allein schon meine Anwesenheit
> für den anderen befreiend und hilfreich.
> Ich kann nichts tun, um dieses Erlebnis zu
> forcieren, aber wenn ich mich entspanne
> und dem transzendentalen Kern von mir
> nahekomme, dann verhalte ich mich merk-
> würdig und impulsiv in der jeweiligen
> Beziehung, ich verhalte mich auf eine Weise,
> die ich rational nicht begründen kann und
> die nichts mit meinem Denkprozess zu tun
> hat. Aber dieses seltsame Verhalten erweist
> sich merkwürdigerweise als richtig: Es ist, als
> habe meine Seele Fühler ausgestreckt und die
> Seele des anderen berührt. Unsere Beziehung
> transzendiert sich selbst und wird ein Teil
> von etwas Größerem. Starke Wachstums-
> und Heilungskräfte und große Energien sind
> vorhanden.«

Ich fragte Carl Rogers damals auch, ob er an Gott glaube. Er meinte daraufhin, dass er glaube, dass in der Liebe zweier Menschen Gott zum Ausdruck kommen kann.

Ich finde die Vorstellung, dass das Unendliche oder auch die Seele zwischen den Menschen zum Ausdruck kommt, vielleicht sogar »entsteht«, faszinierend. Vielleicht kann man auch sagen, dass das, was als Tiefe in uns angelegt ist, in der Liebe zweier Menschen gleichsam entbunden wird, sich ausdrückt.

ANSELM GRÜN: Wenn zwei Menschen sich im Tiefsten nahekommen, dann berühren sich ihre Seelen. So schreibt Schiller: »Die Seelen schienen ohne Worteslaut, sich ohne Mittel geistig zu berühren.« Eine Begegnung zwischen zwei Menschen findet ihre Vollendung, wenn ihre beiden Seelen sich berühren. Sie brauchen dann keine Worte mehr. Es ist eine innere Übereinstimmung. Aber die Seele kann auch verletzt werden. Und wenn wir uns an alte Wunden erinnern, fangen die Wunden der Seele wieder zu bluten an. So heißt es im Schiller'schen Drama *Don Carlos*:

> »Wie viele Wunden meiner Seele fangen
> Zu bluten an mit der Erinnerung.«

Wenn zwei Menschen ineinander verliebt sind, sprechen sie auch oft davon, dass sie sich seelenverwandt fühlen. Oder aber sie sagen, sie seien ein Herz und eine Seele geworden. Sie haben das Gefühl, als ob ihre Seelen in dieser Liebe miteinander eins werden. Für mich ist das ein wichtiges Thema: nicht nur die Seele zwischen dem Ich und dem Du, sondern auch die Seele in ihrer inneren Nähe zur Liebe.

Die Lateiner sagen, dass die Seele (anima) zwei Aufgaben habe: zu animieren (animare) und zu lieben (amare). Die Seele hat offensichtlich die Fähigkeit zu lieben. Sie ist der Sitz der Liebe. Auf ihrem Grund strömt eine Quelle der Liebe. Wenn zwei Menschen sich lieben, kommen sich ihre Seelen nahe. Herder spricht die geliebte Frau mit »Seele« an und stellt sich vor, dass die Geliebte ihre Seele in sein Herz einbildet und so eine tiefe Verbundenheit entsteht: »Seele, meine Seele! Das bist du, Geliebte, die Liebe schuf zur Seele dich mir.« In der Liebe wird der andere für mich zur Seele. Die Liebe des Freundes oder der Freundin bringt mich in Berührung mit meiner eigenen Seele. Und umgekehrt gilt: Je mehr ich mit meiner Seele in Berührung bin, desto fähiger werde ich, zu lieben und Liebe zu sein. Ich entdecke dann in meiner Seele eine unversiegbare Quelle der Liebe, letztlich die Quelle göttlicher Liebe, die mir geschenkt ist.

Seele schaffen durch Mitleid

ANSELM GRÜN: Wir müssen aber auch für unsere Seele sorgen. Wir müssen sie nähren mit der Erinnerung an das, was Gott uns geschenkt hat, vor allem an die Freude, die wir in unserem Leben schon erfahren durften. Dann bekommt sie neuen Schwung und macht den ganzen Leib lebendig. Wenn die Seele neuen Schwung hat, dann wirkt sich das auf alles aus, was wir in die Hand nehmen. Eine schwungvolle Seele hält den Leib gesund und schenkt ihm Kraft. Und sie verleiht unserer Arbeit Fruchtbarkeit. Und sie verbindet uns mit andern Menschen.

WUNIBALD MÜLLER: Wenn wir für unsere Seele sorgen, dann nehmen wir uns Zeit für uns *und* engagieren uns für andere Menschen. Wir sind dazu motiviert, unsere oft so seelenlosen Städte und Gebäude zu beseelen, damit unsere Seele sich auch dort wohlfühlt und sich nicht überwältigt von so viel Seelenlosigkeit gezwungen fühlt, sich zurückzuziehen. Vielmehr erweist sich die Seele dann als eine Kraft, die in unsere Umwelt und Welt hineinwirkt, ja sich dort ausdehnt und gedeiht, indem sie ihre Arbeit in der Welt verrichtet. Zu dieser Welt gehört auch das Leid, die Not, das Elend.

ANSELM GRÜN: Die Seele empfindet das Leid. Sie kann betrübt sein. Der Psalmist fragt: »Meine Seele, warum bist du betrübt und bist so unruhig in mir?« (Ps 42,6). Dass die Seele offen für das Leid ist, hat schon Simeon Maria geweissagt: »Dir selbst aber wird ein Schwert durch die Seele dringen« (Lk 2,35). Die geistliche Tradition verbindet den Schmerz Mariens mit dem Tod Jesu. Wenn Maria unter dem Kreuz ihres Sohnes stehen wird, wird ihr ein Schwert durch die Seele dringen. Der romantische Dichter Tieck hat diese Szene vor Augen, wenn er in einem Gedicht sagt:

> »Ach, Maria, welche Leiden
> Mussten deine Seele schneiden.«

Wenn großes Leid die Seele durchdringt, wird die Seele matt. Sie verliert an Kraft. Im Volksmund spricht man davon, dass uns etwas in der Seele schmerzt oder dass uns etwas in der Seele wehtut. Und es gibt das Sprichwort: »Seelenwunden heilen schwer.« Hier wird in dichterischen Worten vorweggenommen, was dann die Psychologie von den Wunden der Seele sagen wird. Die seelischen Wunden sind die eigentlichen Wunden. Sie brauchen lange Zeit der Heilung.

WUNIBALD MÜLLER: Die Seele kann matt werden, wenn mich selbst großes Leid befällt. Und dann muss ich mir auch die Zeit gönnen, die es braucht, bis meine Seele wieder neue Kraft gesammelt hat. Das ist manchmal sehr schwer auszuhalten. So geht es jedenfalls mir. Kaum fühle ich mich wohler, will ich schon wieder zur gewohnten Routine zurück. Ich muss mich dann richtig überwinden, Hilfe in Anspruch zu nehmen, sosehr ich weiß, dass ich genau das jetzt benötige und mir das auch helfen wird.

Die Seele kann angesichts von Leid, wie es Matthew Fox einmal formulierte, zu einem weiten Feld werden. Das soll heißen, so meint er weiter, wir werden nicht mit einer Seele geboren. Wir müssen sie in gewisser Hinsicht erst machen. Man macht die Seele sozusagen durch Leben – indem man Lust und Leid lebt –, und aus beiden wird Mitleid geboren. »Das ist die reichste mystische Tradition von Ost und West, nämlich die, die sagt, dass Seele Mitleid ist, das Werk von Mitleid. Mitleid ist Arbeit, es ist nicht einfach bloß da«, sagte Fox. Unsere Seele zeigt sich, wenn wir uns einsetzen für eine gemeinsame Sache.

ANSELM GRÜN: Die Seele erkennt nicht nur, sie fühlt auch. Gram kann – so meint Hölderlin – die Seele zum Welken bringen. Doch die Erinnerung an Freuden der Vergangenheit gibt der Seele neuen Schwung.

»Das Gedächtnis alter Freuden
Labt das Herz in bangen Leiden,
Gibt der Seele neuen Schwung.«

WUNIBALD MÜLLER: Ich kann die Seele entdecken oder mit der Seele wieder in Berührung kommen, indem ich mit Menschen in Kontakt trete, die beseelt sind, oder an Plätze gehe, die Seele haben, etwa bestimmte Kathedralen, Landschaften, Plätze. Ein Theater, ein Ritual, Religion, sie alle können Seele vermitteln. Aber auch durch Leiderfahrungen kann ich mit meiner Seele in Berührung kommen. Und ich spüre ihre Kraft und ihre Lebendigkeit, fördere sogar ihre Dynamik in der Erfahrung von Mitleid.

Für Matthew Fox ist die Seele daher Ausdruck des totalen Lebendigseins. Sie ist eine Ganzheit, die von Kraft erfüllt ist. Diese Kraft lässt die Seele wachsen und gedeihen, sodass sie sich selbst erhalten und ihre Arbeit in der Welt verrichten kann.

Die Israeliten nannten diese Lebenskraft, ohne die kein lebendiges Wesen existieren kann, »barach«, was mit »Segen« übersetzt werden kann. So wird die Seele, die in unseren Alltag hineinwirkt, zum Segen für uns und unseren Alltag.

Seele als Quelle der Liebe

ANSELM GRÜN: Die Seele ist letztlich die Quelle aller Liebe. Die Sprache der Seele ist immer auch die Sprache der Liebe. Das gilt für die Beziehung zwischen Menschen, die sich lieben. Das gilt in besonderer Weise aber auch für die Beziehung zwischen Gott und dem Menschen. Die Mystik sieht Christus immer als Bräutigam und die menschliche Seele als Braut.

In den Kantaten von Johann Sebastian Bach singen Christus und die Seele häufig im Duett: Christus als Bass, die Seele als Sopran. Christus und die menschliche Seele werden in der Liebe eins miteinander. In der Kantate »Ich hatte viel Bekümmernis« (BWV 21) singen sie einander zu:

Seele: Ach Jesu, meine Ruh, mein Licht, wo
bleibest du?
Jesus: O Seele sieh! Ich bin bei dir.
Seele: Bei mir?
Jesus: Ich bin dein treuer Freund, der auch im
Dunkeln wacht, wo lauter Schalken sind.
Seele: Brich doch mit deinem Glanz und Licht
des Trostes ein.
Jesus: Die Stunde kommet schon, da deines
Kampfes Kron dir wird ein süßes Labsal sein.

Und schließlich enden Jesus und die Seele ihre Zwiespra-
che mit einem Duett: »Komm, mein Jesu, und erquicke
und erfreu mit deinem Blicke, diese Seele.«

Auch in der Kantate »Wachet auf, ruft uns die Stimme«
singen Jesus und die Seele im Duett:

> *Seele:* Wann kommst du, mein Heil?
> *Jesus*: Ich komme, dein Teil.
> *Seele:* Ich warte mit brennendem Öle. Eröffne
> den Saal zum himmlischen Mahl!
> *Jesus*: Ich öffne den Saal zum himmlischen
> Mahl.
> *Seele*: Komm, Jesu!
> *Jesus*: Komm, liebliche Seele.

Die Frömmigkeit der Barockzeit liebt die Brautmystik
zwischen Jesus und der Seele. Diese Frömmigkeit verbindet katholische und protestantische Frömmigkeit. Johann
Sebastian Bach hat wunderbare Melodien für den Dialog
der Seele mit Jesus gefunden. Es ist ein Dialog der Liebe,
einer erotischen und zugleich mystischen Liebe zwischen
der Seele und Jesus, ihrem Bräutigam.

In die gleiche Richtung weist die Auslegung des alt-
testamentlichen Hoheliedes durch die Kirchenväter. Hier
wird die Braut immer mit der Seele identifiziert und der
Liebhaber mit Christus. Die Frage ist, welche Erfahrung

hinter dieser Auslegung steckt. Offensichtlich haben die Kirchenväter die Seele als den Ort der Liebe im Menschen gesehen. Sie haben die Seele gleichsam als Person gesehen, die in ihrer ganzen Liebe und Sehnsucht auf Christus hin orientiert ist und in der Liebe zu Christus ihre Erfüllung sieht. Es ist wohl das Schönste, was die kirchliche Tradition über die Seele gesagt hat: dass sie eine Braut ist, fähig zu lieben und den Bräutigam an sich zu ziehen, offen für Christus, der ihre tiefste Sehnsucht nach Liebe erfüllt.

WUNIBALD MÜLLER: Im Hohelied heißt es an einer Stelle, wenn von der Liebe der Freundin zu ihrem Freund die Rede ist: »Mein Innerstes wallte ihm entgegen« (Hohelied 5,4). Mein Innerstes, das ist für mich auch meine Seele, die in Liebe entbrannt ist für Gott. Eine Liebe, die sich in nichts von der Liebe unterscheidet, die ich für den Menschen empfinde, den ich mit allem, was mich ausmacht, liebe. Liebe, will sie wirklich Liebe sein, bedarf immer der Verbindung mit unserer Seele. Sei es die Liebe zu Gott, die Liebe zu den Menschen, die Liebe zur Partnerin, die Liebe in der Sexualität. Ich stimme daher Matthew Fox zu, wenn er sagt: »Wir sollten uns erheben und lobpreisen, wenn wir uns darüber unterhalten, was Freundschaft und was Liebe ist und was Liebende tun – dieses Einander-Durchdringen der Seelen mit Hilfe des Körpers. Das ist doch großartig!«

Quellenverzeichnis

S. 13/14   *Goethes Werke,* S. 143

S. 20   Jung, *Bewusstes und Unbewusstes*

S. 23   Reichardt, Bruno, Interview in: *DIE ZEIT*, Nr. 24, 6. Juni 2007, S. 17

S. 24   Metzinger, Thomas, in: *Christ in der Gegenwart* Nr. 36, 2007, S. 291

S. 28   Moody, *Sinnkrisen in der Mitte des Lebens*, S. 51

S. 31   Jacobi, *C. G. Jung*, S. 49

S. 43/44   Jung, *Ein großer Psychologe,* S. 214

S. 47   Jaffé, *Carl Gustav Jung*, S. 357

S. 52   Marc Aurel, *Selbstbetrachtungen,* S. 58 f.

S. 54/55   Jaffé, *Carl Gustav Jung*, S. 405

S. 58   Wasmuth, *Wo aber bleibt die Seele?*, S. 64

S. 60   Jaffé, *Carl Gustav Jung*, S. 328

S. 79/80   Jacobi, *C. G. Jung*, S. 40 f.

S. 85   Kushner, Rabbi Harold, »God's Fingerprints on the Soul«, in: Carlson, *Handbook of the Soul*

S. 86/87   Rahner, Karl, »Erfahrungen eines katholischen Theologen«, in: Raffelt, *Karl Rahner*, S. 147 f.

S. 91   Jung, *Werke, Bd. VIII*, S. 469

S. 92/93   Jenner, *Buch des Übergangs*, S. 24

S. 93   Deissler, Alfons, in: *Konradsblatt*, Karlsruhe 2005, S. 21

S. 96   Pöhlmann, Horst Georg, in: Wasmuth, *Wo aber bleibt die Seele?*, S. 149

S. 111   Jacobi, *C. G. Jung*, S. 61 ff.

S. 112/113   Jung, *Bewusstes und Unbewusstes*, S. 61 f.

S. 117   Jung, *Bewusstes und Unbewusstes*, S. 3

S. 120   Heschel, in: *America*, Vol 196; Übersetzung von Wunibald Müller

S. 126   Merton, *Zeit der Stille*, S. 47

S. 138/139 Marc Aurel, in: Mercier, *Nachtzug nach Lissabon,* S. 43

S. 144/145 Moore, *King,* S. 108 f.

           Goldbrunner, *Kleine Lebenslehre*, S. 49

S. 148   Jaffé, *Carl Gustav Jung*, S. 147

S. 161   Tillich, Paul, in: Feldmann, *Was uns unbedingt angeht*, S. 57 ff.

S. 173   Goldbrunner, *Heiligkeit und Gesundheit*, S. 26

S. 174/175 ebd., S. 29

S. 192   Jaffé, *Carl Gustav Jung*, S. 358

S. 193/194 von Franz, *C. G. Jung*, S. 53 f.

S. 196   Bair, *C. G. Jung*, S. 537

S. 203   Wasmuth, *Wo aber bleibt die Seele?*, S. 65

S. 205   Rogers, *Der neue Mensch*, S. 79

Verwendete und weiterführende Literatur

Bair, Deirdre, *C. G. Jung. Eine Biographie*, München 2003

Bloch, Ernst, *Das Prinzip Hoffnung*, Frankfurt a. M. 1959

Brown, Peter, *Augustinus von Hippo*, Leipzig 1976

Buber, Martin, *Urdistanz und Beziehung*, Heidelberg 1978

Carlson, Richard/Shield, Benjamin, *Handbook of the Soul*, Boston 1995

Christ in der Gegenwart, Nr. 36, 2007

DIE ZEIT, Nr. 24, 6. Juni 2007

Ellsberg, Robert, *The Saints' Guide to Happiness*, New York 2003

Feldmann, Christian, *Was uns unbedingt angeht*, in: Publik-Forum Nr. 11, 2004

Goldbrunner, Josef, *Heiligkeit und Gesundheit*, Freiburg 1946

Ders., *Kleine Lebenslehre der Person*, Regensburg 1985

Grimm, Jacob und Wilhelm (Hg.), *Das Deutsche Wörterbuch*, Leipzig-München 1899–1984

Hillman, James, *A Blue Fire. The Essential James Hillman*, ed. by Thomas Moore, New York 1991

Jaffé, Aniela (Hg.), *Carl Gustav Jung: Erinnerungen, Träume, Gedanken von C. G. Jung*, Zürich 1997

Jacobi, Jolande (Hg.), *C. G. Jung, Mensch und Seele*, Olten 1971

Jenner, Otmar, *Das Buch des Übergangs,* Berlin 2007

Jung, Carl Gustav, *Gesammelte Werke*, Band XI, Zürich 1963

Ders., *Gesammelte Werke*, Band VIII, Zürich 1967

Ders., *Bewusstes und Unbewusstes*, Frankfurt a. M. 1971

Ders., *Briefe III (1956–1961),* Olten 1973

Ders., *Ein großer Psychologe im Gespräch*, Freiburg 1994

Marc Aurel, *Selbstbetrachtungen*, Stuttgart 1973

Mercier, Pascal, *Nachtzug nach Lissabon,* München 2006

Merton, Thomas, *Zeit der Stille*, Freiburg 1992

Moody, Harry R., *Sinnkrisen in der Mitte des Lebens*, München 1997

Moore, Robert/Gillette, Dougles, *King, Warrior, Magician, Lover*, San Francisco 1991

Moore, Thomas, *Care of the Soul*, New York 1994

Ders., *The Soul of Sex*, New York 1998

Müller, Wunibald, *Auf der Suche nach der verlorenen Seele*, Mainz 1999

Ders., *Trau deiner Seele*, Mainz 2001

O'Donohue, John, *Anam Cara. A Book of Celtic Wisdom*, New York 1997

Rahner, Karl/Vorgrimmler, Herbert, *Kleines Konzilskompendium*, Freiburg 1974

Raffelt, Albert (Hg.), *Karl Rahner in Erinnerung*, Düsseldorf 1994

Rogers, Carl, *Der neue Mensch*, Stuttgart 1981

Schaup, Susanne (Hg.), *Henry David Thoreau, Aus den Tagebüchern 1837 bis 1861*, Oelde 1996

Sheldrake, Rupert/Fox, Matthew, *Die Seele ist ein Feld*, München 1996

Trunz, Erich (Hg.), *Goethes Werke. Hamburger Ausgabe in 14 Bänden.* München, 10. Auflage 1974

von Franz, Marie-Louise, *C. G. Jung. Leben, Werk & Visionen*, Königsfurt 2001

Wasmuth, Werner (Hg.), *Wo aber bleibt die Seele?*, Münster 2004

Yogananda, Paramahansa, *In the Sanctuary of the Soul*, Los Angeles 1998

Personenregister

Sachregister